신라를 뒤흔든 12가지 연애스캔들

신라의 법흥왕, 진흥왕, 선덕여왕, 미실, 천명공주, 삼국 통일의 영웅 김유신과 화랑도……
그들은 시대를 주름잡은 영웅이었지만
침실에서는 자유로운 한 인간이었을 뿐이다.
신라인들은 자신들의 나라를 신국이라 칭하며 자유로운 성性을 신국神國의 도道로 섬겼다.
우리가 배웠던 신라의 모습은 조선의 시각으로 재구성되어 후세에 전해진 것이다.
유교를 숭상한 조선이 부정하고 덮어버린
신라인이 쓴 신라의 역사서 《화랑세기》를 통해
신라인들의 충격적인 성풍속도, 그들의 속살을 들여다본다.

신라를 뒤흔든 12가지 연애스캔들

박은몽 지음

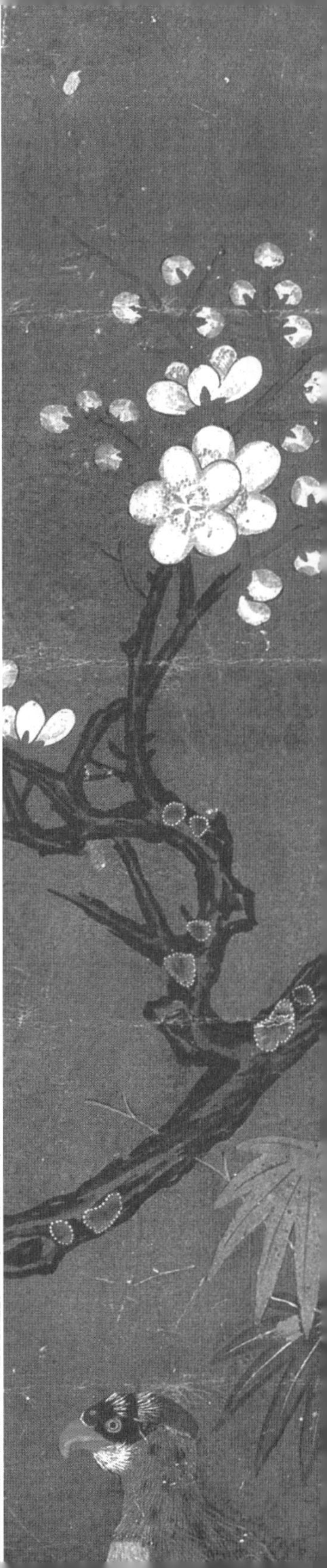

랜덤하우스

여는 글

신라, 색色에 빠지다

누구나 한번쯤 다녀오는 경주의 월성, 안압지, 첨성대, 황룡사, 포석정 등 그것만으로 신라를 말할 수 없다. 여자도 왕이 될 수 있었던 나라, 과부나 연상도 문제가 되지 않았고, 왕후가 화랑과 사랑에 빠져 도망가기도 하고 형의 아내를 물려받던 나라, 왕에게 전문적으로 섹스를 제공하는 특수 상류계층이 존재한 나라, 남매끼리의 결혼이 자연스러웠고 남자도 신분이 높은 여자에게는 몸을 바쳐야 했던 나라, 그 나라가 바로 '신라'다.

신라인 김대문이 쓴 것으로 전해지는 《화랑세기》를 보면 신라인들은 신라를 신국神國이라고 불렀고 "신국에는 신국의 도道가 있다"고 믿었다. 신국의 도가 무엇인지 《화랑세기》는 직접적으로 규정해 주지 않는다. 다만 수많은 이야기 속에서 신국의 도가 무엇인지 짐작해 볼 뿐이다. 호국영웅 화랑을 배출하고 삼국을 통일하였으며 불교를 숭상한 천년왕국 신라의 이면에는 색을 도로 숭상하는 독특한 문화가 있었다. 남녀 간의 교합은 그네들에겐 최고의 즐거움이었고 때로는 신분 유지를 위한 시스템이었고 때로는 정신적인 안식이었다. 그네들은 색을 맘껏 즐기며 근친혼을 통해 혈통을 유지했고 슬픈 일을 당한 사람을 색으로 위로할 줄 알았다. 그래서 눌지왕은 남편을 잃어 슬퍼하는 여인 보미를 불러 색으로써 위로했으며, 미실은 병에 걸린 진흥왕 때문에 외로워하는 사도왕후에게 자신의 남편을 바쳐 색으로 위로하였던 것이다.

신국 사람들에게 색은 '천한 것'이 아니라 '도'였기에 색도色道라 칭하였다. 신국의 도에는 색에 대한 그네들의 생각이 면면히 흐르고 있다. 신국의 도는 신라를 신라답게 만든 힘이었고, 서로를 묶어 주는 공감대였으며 펄떡이는 심장처럼 살아 있게 만드는 생명력이었다. 신국의 도가 있었기에 소국 신라가 역사의 무대에서 질주하여 천년왕국을 이룩할 수 있었던 것이 아니겠는가.

이 책에서는 우리가 보기에는 문란하기 짝이 없는 사랑 이야기들이 나오지만 당대 신라인들에게 그것은 일탈이 아니라 일상이었음을 우리는 인정해야 할 것이다. 시대마다 도덕의 잣대는 항상 달라서, 시간과 공간에 따라 더 엄격해지기도 하고 더 자유로워지기도 했다. 우리의 잣대를 가지고 신국의 도를 난잡한 문화로 폄하할 수는 없으리라. 오히려 정해 놓은 도덕을 제멋대로 넘나드는 일이 비일비재한 우리의 흔들리는 모습이 도를 잃은 것이 아닐까 조심스럽게 생각해 본다.

감히 작가적 상상력으로 역사의 한 터럭이라도 왜곡할까 봐 조심스럽다. 《삼국사기》, 《삼국유사》, 《화랑세기》의 기록을 주로 참고하였고, 역사학자

이종욱 님과 역사 저술가 김태식 님의 저서들, 그리고 이기동·이도흠·리선근·이종학·정운용·조범환·하정룡·김희만 님의 저서들에 두루 도움 받은 바 크다.

우연한 기회에 신라를 재발견하고 책으로 세상에 내놓을 수 있도록 길을 열어 준 하나님께 감사 드린다. 또한 조언을 아끼지 않았던 (주)비즈니스클리닉 대표이사 황태홍 님과 모니터링을 해준 지인들에게도 감사 드리며, 신라인들이 신국의 도 안에서 자유를 누렸듯이 현대를 사는 우리들도 우리의 도 안에서 자유를 누리며 생생하게 살아 있기를 소망한다. 자유란 무한한 방종이 아니라 동시대인들이 공감하여 함께 정해 놓은 도의 범위 안에서 나를 누리는 것이리라.

2009년 여름에
박은몽

❖ 신라 왕실 계보 및 등장인물 관계도 ❖

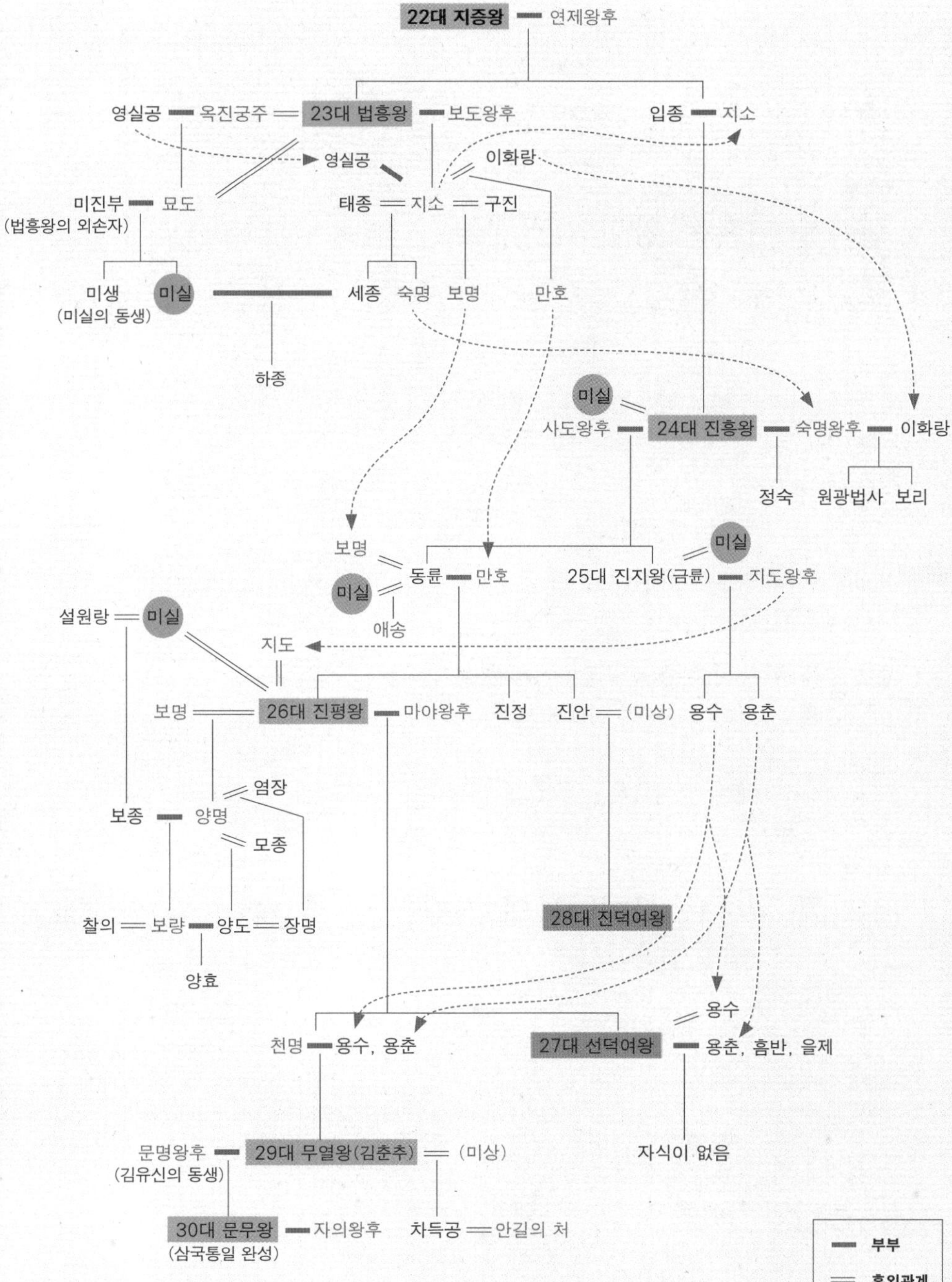

차례

제1부

신라를 뒤흔든 왕실의 스캔들

사랑 때문에 신분을 잊어버리다

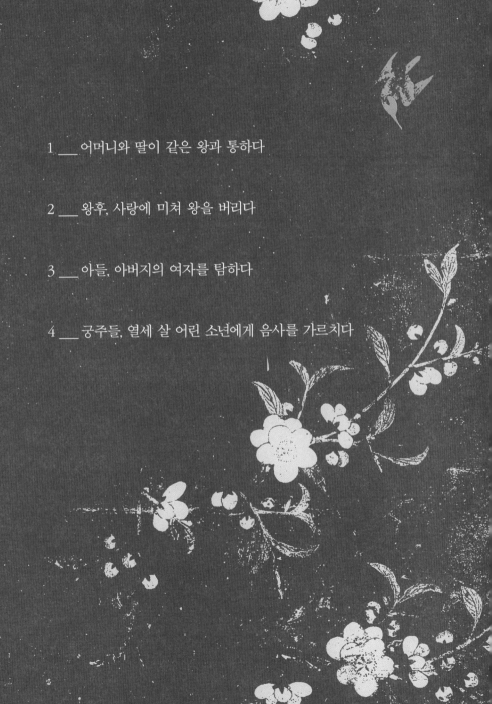

1 ___ 어머니와 딸이 같은 왕과 통하다

2 ___ 왕후, 사랑에 미쳐 왕을 버리다

3 ___ 아들, 아버지의 여자를 탐하다

4 ___ 궁주들, 열세 살 어린 소년에게 음사를 가르치다

어머니와 딸이 같은 왕과 통하다

자신과 딸, 손녀까지 후궁으로 바친 법흥왕의 애첩 '옥진'

"아름답거라. 더욱 아름답고 교태를 부려라. 그것이 빈첩이 영화를 누리며 살아가는 길이란다. 색공에 임할 때는 머뭇거림이 없어야 하고 나를 주장하기보다는 모시는 이의 마음을 헤아려라. 너의 수고를 아끼지 말고 오직 충성함으로 왕께 헌신하되, 당당한 교성으로 너의 존재를 증명하거라! 신국神國의 왕은 신神이라, 신을 무릎 꿇게 한 여인이 세상을 지배하고 천하를 얻으리라."

너의 딸을 빈첩으로 삼아 주리라

옥진은 얼굴이 화끈거리고 심장이 벌렁거리는 채로 벌떡 일어났다. 한낮에 잠시 잠을 자고 일어나는 일이 어제 오늘의 일이 아니지만 그날따라 짧게 잠이 들었는데 온몸에 전율이 퍼지고 잠에서 깨어 이마에 손을 대어 보니 송골송골 땀이 맺혀 있었고 머리카락은 헝클어져 가슴까지 내려와 치렁대고 있었다.

"아아, 이게 무슨 꿈인가. 길조임이 분명하다!"

밖에 나와 보니 한낮의 쨍쨍한 햇빛이 뜰을 가득 채웠는데, 잠시 어지러웠다. 꿈에 본 칠색조가 정말 가슴을 파고 들어간 듯 아직도 놀란 가슴이 진정되지 않았다.

신라의 법흥왕 시절. 고구려, 백제에 비해 가장 뒤쳐져 있던 신라가 법흥왕 시대를 맞아 국가 체제를 정비하고 날이 갈수록 번영의 기반을 닦고 있었다. 군신들은 법흥을 우러러 대왕이라 부르며 받들었는데 그런 법흥의 첩들 중 가장 총애를 받고 있는 여인이 바로 '옥진'이었다.

낮잠 중에 꾼 꿈을 길몽이라 여긴 옥진은 헝클어진 머리를 그대로 늘어뜨린 채 내정으로 달려갔다. 바람에 땀이 식는 것이 느껴졌다. 왕은 영실공과 함께 축국을 하고 있었는데 옥진은 군신들의 시선도 아랑곳하지 않고 가까이 다가가 왕의 손을 잡아 이끌었다. 왕이 문득 돌아보니 옥진이라, 사랑스러운 눈길로 내려다보며 말했다.

"무슨 일인가."

"금방 좋은 꿈을 꾸었으니 지금 합하면 귀한 아들을 낳을 것입니다."

왕은 더욱 사랑스럽다는 듯 옥진을 바라보며 물었다.

"무슨 꿈인가?"

"칠색조가 가슴에 들어오는 꿈이었습니다."

"칠색이라 하면 한 가지가 아니라 여러 가지가 섞인 것을 뜻하고 새는 여자를 상징한다. 아들이 아니라 빈첩의 조짐이니, 네 지아비와 더불어 함께하라."

헐레벌떡 달려온 옥진은 왕의 말을 듣고 실망하여 왕과 함께 축국을 하다가 우두커니 서서 왕과 옥진의 대화를 지켜보고 있는 영실공을 쳐다보았다. 영실공은 옥진의 남편이었다. 그러나 왕이 옥진을 어여삐 여겨 빈첩으로 삼은 이후로는 한 번도 합궁을 하지 못한 이름뿐인 남편이었다. 길몽에 들떠 달려온 옥진인데 왕이 아니라 영실공과 함께 하라니 옥진은 실망스러웠다. 빈첩으로서 왕의 씨를 받아 귀한 자식을 낳는 것이 가장 큰 영예이던 시절이었기 때문이다.

왕이 옥진의 뜻을 읽고서 웃으며 다시 말했다.

"네 지아비 영실공과 나는 일체이다. 그러니 네가 영실공과 합하여 아들을 낳으면 곧 태자로 삼고 딸을 낳으면 나의 빈으로 삼으리라!"

이에 옥진이 안심하고 좋아하며 영실공과 함께 장막 안으로 들어가서 사랑을 나누었다. 과연 딸을 낳았다.

"대왕은 신이라, 딸을 낳을 것을 미리 아셨으니 참으로 기묘한 일이다."

옥진궁주는 대왕을 신이라고 여기며 딸의 이름을 '묘도'라고 이름 지었다. 왕에게 색공을 하는 처첩들을 궁주라 일컬었는데 궁주가 되면 신라의 궁궐인 월성 내에 별도의 소궁을 하사받아 월성 내에 기거할 수 있었다. 묘도 역시 어머니인 옥진과 마찬가지로 색공지신色供之臣, 색공을 바치는 신하, 신분이 높은 이에게 색을 바치는 것을 색공이라 함의 가문에 태어난 여자였으므로 빈첩으로 살아갈 운명이었다.

어머니와 딸이 한 왕을 섬기다

"저 아이가 누군가?"

옥진궁 앞의 뜰에서 꽃을 따며 놀고 있는 어린 소녀를 먼발치에서 발견하고 법흥대왕이 물었다.

"옥진궁주님의 따님인 묘도입니다."

"아, 묘도가 그 사이 저만큼 자랐는가."

먼발치에서라 그런지 묘도는 얼마 전에 본 것보다 훨씬 성숙해 보였다. 묘도가 문득 왕의 행차를 발견하고는 멀리서 절을 하고 고개를 들어 왕을 바라보았다. 봄볕을 받아 피어오르는 묘도의 어린 피부가 눈이 부시도록 찬란했다. 묘도는 작고 얌전해서 옥진의 풍만함을 닮지는 않았으나 소담스러운 들꽃같이 어여뻤다.

"예전의 약속대로 묘도를 빈첩으로 삼겠노라"

그날 저녁 옥진은 왕의 전갈을 받고 기뻐서 묘도를 불렀다. 색공지신의 가문에 태어난 여인의 첫 색공 상대가 왕자나 전군이 아니라 왕이라는 것은 크나큰 행운이 아닐 수 없다. 그런데 왕의 전갈을 듣자 묘도는 동그랗게 놀란 눈을 뜨고 어머니를 바라보았다.

"어머니가 대왕의 빈첩인데, 어찌 어머니와 딸이 한 남자를 섬긴단 말입니까?"

옥진은 미소를 띠고 어쩔 줄 몰라 하는 딸을 바라보았다. 아직은 소녀티를 다 벗지 못했으나 능히 남자를 받아들일 수 있는 나이였다. 지금은 두려울 수도 있겠지만 곧 아버지, 친지, 남매를 떠나 오직 암수로만 어우러지는 즐거움에 눈 뜨고 자신이 살아가야 하는 방도를 깨닫게 되리라.

색신이라고 해서 모두 왕을 모시는 행운을 잡을 수 있는 것은 아니었다. 왕이 묘도를 잊지 않고 찾아 준 것은 크나큰 영광이 아닐 수 없었다.

"이리 오너라, 묘도야. 어미가 직접 너를 단장해 주리라."

옥진은 시녀들을 불러 목욕 준비를 시켰다. 그리고 잠시 후 묘도를 데리고 가 옷을 벗기고 몸을 씻겼다. 묘도의 몸은 뜨거운 물속에서도 파르르 떨리는 것 같았다. 물속으로 보이는 이제 막 솟아올라 싱싱한 묘도의 젖이 어미를 흐뭇하게 하였다.

'아름답거라. 더욱 아름답고도 교태를 부려라. 그것이 빈첩들이 영화를 누리는 길이란다.'

법흥대왕은 누구보다 옥진이 잘 알고 있었다. 왕은 늘 이렇게 말하곤 했다.

"억조창생이 나를 신으로 여기는데 나는 옥진을 신으로 여긴다."

젊은 날 대왕의 총애로 몸과 마음을 불태웠던 적이 얼마나 많았던가. 왕의 눈빛부터 왕의 손길, 왕의 소리와 몸놀림까지 옥진은 그 모든 것들을 살뜰히 기억하고 있다. 그 모든 존재를 이제는 딸 묘도가 고스란히 다시 누리리라. 자신이 사랑하고 몸을 바쳤던 남자에게 다시 딸을 바치는 묘도의 마음은 기쁘고도 슬펐다. 젊음은 참으로 짧은 것이었다. 살뜰하고도 열정적인 사랑도 젊음만큼이나 짧았다. 왕의 가슴에 아직 사랑이 남아 있다고 해도 그것은 젊은 시절에 옥진에게 주었던 그 열정은 아니리라. 옥진은 자신의 분신과도 같은 딸이 이제 다시 대왕을 섬기니 옥진 자신이 다시 왕을 섬기는 것이나 마찬가지라고 애써 생각했다.

그러나 묘도는 젊은 시절 옥진과는 달랐다.

"아악!"

왕의 침소에 든 묘도는 왕의 손길에 몸을 내맡기고 있다가 몸속으로 헤집고 들어오는 거대한 양물을 견디다 못해 그만 혼절할 듯 커다란 비명를 지르며 왕을 밀쳐버리고 말았다. 이불에는 선혈이 가득했다. 묘도는 이렇게 대왕을 모신 첫날부터 까무러쳐서 왕과 옥진을 놀라게 했다. 상처가 아물기를 며칠 기다렸다가 다시 왕의 침소에 들어갔으나 상황은 나아지지 않았다.

묘도가 자라자 (법흥)대왕이 약속한 대로 사랑을 하였다. 그런데 (성기가) 작고 좁아 맞을 수 없었고 대왕의 양기가 너무 강하였기 때문에 묘도는 저녁이 되면 괴로워하였다. (법흥)대왕이 자주 사랑하지 않았다.

《화랑세기 (11세 하종 조)》

묘도, 색공色供을 거부하다

"빈첩의 도가 색공에 있거늘 네가 대왕 모시기를 꺼려하니 이는 도를 벗어난 일이 아닌가. 심히 걱정이구나."

"어머니, 저는 빈첩으로 살기보다는 이름 없는 한 여인으로 살고 싶습니다."

"바보 같은 소리! 네 마음대로 운명이 흐르는 것이 아니니라. 너는 태어날 때부터 왕의 빈첩으로 약속받은 몸이다."

어머니의 엄한 가르침에 묘도는 차마 토를 달지 못했다. 하지만 밤마다 왕을 모시는 일은 나날이 더 끔찍해져 가기만 했다. 왕을 모신 다음 날 묘도는 앓아눕기 일쑤였는데 하루는 아침나절 내내 누워 있다가 겨우 기력을 회복하여 회랑에 나갔다가 미진부 공을 보았다. 미진부는 법흥왕의 딸인 삼엽공주의 아들로서 옥진궁과 가까운 궁에 거하였는데 피리를 잘 불어 늘 뜰에 나와 피리를 불

월성(반월성)

신라의 궁궐 월성은 현재 터만 남아 있다. 월성에는 성골만이 거할 수 있었고
미실 등 왕의 총애를 입은 여인들은 월성 내에 단독 궁을 가질 수 있어서
미실궁이니 옥진궁이니 하고 칭했다.

거나 연못의 물고기들을 바라보며 산책을 하곤 했다. 미진부는 묘도와 마주치자 빙그레 웃으며 인사를 건넸다.

"성은을 입어 기쁨에 넘쳐야 할 궁주의 표정이 왜 그렇게 우울한지요?"

"모, 몸이 좋지 않아…… 기력이 없어서 그러합니다."

미진부는 어머니인 삼엽공주를 닮아 눈매가 부드럽고 늘 입가에 미소가 있었다. 화가 나도 크게 성을 내지 않고 어떤 일도 급하게 서두르는 법이 없어서, 어찌 보면 유약한 듯하다가도 고매한 인품이 느껴지곤 했다. 묘도는 미진부와 함께 뜰을 거닐었다.

"궁주가 우울해 하니 내가 피리를 불어 드리지요."

미진부의 가는 손가락이 부드럽게 움직이며 구슬픈 곡조를 뽑아 냈다. 묘도는 그런 미진부를 바라보다가 그만 마음을 빼앗겨 버리고는 그날 이후 틈만 나면 회랑에 나가 그가 지나가기만을 기다려 그의 모습을 훔쳐보곤 했다. 여인이 누군가를 받아들이려면 먼저 마음을 주어야 했다. 어느 날 갑자기 마주하여 옷을 벗고 몸을 합하는 게 아니라 그리움이 먼저 동한 다음에 몸이 따라가는 게 옳았다. 아무리 왕이라 해도 귀한 신분이라는 사실만으로 몸이 열리고 그리워할 수는 없었다. 그것이 묘도였다.

미진부 역시 언제부터인가 묘도가 몰래 자신을 훔쳐보고 있다는 사실을 알게 되었다. 미진부도 묘도에게 맘이 끌렸으나 묘도는 왕의 여자였기에 감히 감당치 못할 일이 있을까봐 머뭇거릴 수밖에 없었다. 그러던 어느 날, 묘도가 저녁 어스름이 깔릴 때까지 미진부가 지나가기를 회랑 끄트머리에 숨어서 기다리고 있었는데 그날따라 미진부의 모습을 볼 수 없었다. 묘도가 그만 포기하여 일어서려는데 어머니인 삼엽공주의 궁으로 그가 돌아오는 것이 보였다. 묘도는 피곤이 밀려오는 데다가 반가운 마음에 다리에 힘도 풀려 자신도 모르게 미진부 앞으로 나아갔다. 미진부가 잠시 놀라는 표정을 짓더니 그윽한 눈길로 묘도를 바라보았다.

"어찌하여 이런 곳에 계십니까?"

"미진부 공께서 오시기만을 기다렸습니다."

"날이 저물었습니다. 오늘은 그만 돌아가시지요."

묘도가 고개를 숙인 채 울먹이며 물었다.

"진정……이신지요?"

바라만 보는 사랑은 더욱 애절한 것이라 이제 묘도는 지금 보는 미진부의 얼굴이 생시의 얼굴인지 혼자서 그리워할 때의 얼굴인지 분간도 잘 되지 않았다. 그저 너무 애틋하여 도저히 발길을 뗄 수 없었다. 미진부는 삼엽공주의 아들이고 삼엽공주는 법흥대왕의 딸이니, 미진부에게 왕은 외할아버지가 되었다. 그런데 묘도는 외할아버지의 빈첩이었으니 미진부는 왕이자 외할아버지인 법흥을 배신하고 선뜻 묘도를 받아들일 수가 없었다. 왕의 외손인 그가 왕의 후궁과 감히 사통을 도모할 수는 없었기 때문이다.

"진정이신지요?"

묘도는 차마 발길이 떨어지지 않아 한 번 더 물었다. 목소리가 떨리고 있었다.

"……."

묘도의 떨리는 목소리에 묵묵히 고개를 숙이고 있던 미진부의 마음의 흔들렸다. 그는 갑자기 떨리는 손으로 묘도를 끌어당기더니 행여 누구의 눈에 뜨일까 어둔 수풀 사이로 빠르게 스며들었다. 저녁 어스름이 깊어져 칠흑 같은 어둠이 깔리고 미처 달도 떠오르기 전이었다.

> 그때 미진부 공이 어머니 삼엽공주와 늘 궁중에서 입시하여 묘도와 전殿을 사이에 두고 머물렀다. 묘도가…… 미진부 공을 사모했다. 미진부 공이 회랑을 지나가는 것을 틈 타…… 들여서 상통하고 함께 살기를 맹세하였다.
>
> 《화랑세기 (11세 하종 조)》

옥진, 손녀딸 '미실'에게 교태와 가무를 가르치다

"이게 무슨 꿈이란 말인가. 또다시 칠색조를 보다니."

옥진은 잠에서 깨어나 상서로운 기운을 느끼면서도 기이한 기분이 들었다. 묘도를 잉태할 때처럼 칠색조가 꿈에 나타났는데 이번에는 칠색조가 옥진의 가슴에서 날아올라 묘도에게 들어간 것이었다. 법흥왕은 얼마 전에 죽었고 생전에도 묘도를 찾지 않아 합궁을 한 적이 별로 없는데 묘도가 잉태하는 태몽을 꾸다니 이상한 일이었다. 옥진은 발소리를 죽이고 살며시 묘도가 거하는 곳으로 향했다. 그리고 문을 두드리려는데 문득 안에서 무슨 소리가 들려 숨을 죽이고 문에 귀를 갖다 대었다. 묘도의 방이 분명한데 남자의 음성 속에 환희에 찬 여자의 신음소리가 들렸다. 과연 저것이 묘도의 것이란 말인가?

옥진은 딸을 법흥에게 바친 후 딸이 법흥을 제대로 받아들이지 못하고 괴로워하는 것을 보면서 내내 마음이 불편했다. 왕께는 불경이요, 딸에게는 불행이었다. 색공을 통해 왕에게 충성을 하고 또한 여인으로서의 즐거움을 깨쳐가는 것이 빈첩의 삶이거늘 묘도는 왕에게 큰 사랑도 받지 못하고 자신에게 맞지도 않는 합궁을 견디느라 밤마다 괴로워하니 어미로서 차마 볼 수 없는 광경이었다.

그런데 음양의 즐거움을 알지 못한다고 생각했던 딸 묘도가 다른 남자의 품에서 저리 즐거워 하니 옥진은 놀랍기도 하고 기쁘기도 하여 서둘러 자신의 방으로 돌아왔다. 꿈에 본 칠색조가 아직도 생생했다. 다음날 옥진은 묘도를 불러 말했다.

"내가 꿈에 찬란한 칠색조를 보았으니, 너희 두 사람은 귀녀를 낳을 것이다!"

오랜 시간 기다린 묘도와 미진부의 사랑은 법흥왕이 죽은 후 결실을 맺어 옥진의 말 대로 어여쁜 딸 '미실'을 낳았고 후에 미실의 동생 미생까지 낳았다. 두 사람의 딸 미실은 아름답기가 마치 한 떨기 화려한 꽃과 같고, 미실의 남동생 미생은 그 용모가 하늘의 별처럼 빛나서 가히 귀공자라 칭할 만했다. 특히 미실은 자라면서 나이를 뛰어넘는 성숙한 모습과 그 말과 행동에 흐르는 교태 때문에 어디를 가도 눈길을 끌었다. 특히 풍만함은 젊은 시절 옥진을 닮았는데, 옥진보다 더욱 쾌활하고 교태와 기지가 뛰어났을 뿐 아니라 문장에도 조예가 깊어 능히 학문을 하는 이들의 지혜를 넘어서곤 했다.

"네가 이 할미를 훨씬 능가하는구나. 타고나기를 잘 타고 났으니 어찌 갈고 다듬지 않을 수 있으랴."

옥진은 늘 미실을 곁에 두고 자신이 아는 모든 것을 전수하고자 했다. 법흥왕은 이미 죽어 이 세상에 없었고 진흥왕이 일곱 살의 어린 나이로 등극해 있던 시절이었다.

"색공지신은 대대로 왕과 그 일족에게 색을 바치는 신하로, 왕과 왕의 일족에게 자식을 낳아 주는 것이 사명이다. 그러므로 빈첩의 도는 색공에 있다 하겠다. 색공지신 중에서도 우리 대원신통은 그 영화가 커서 얼마 전 대원신통 출신의 사도가 진흥왕후가 되었으니 이 또한 우리 가문의 크나큰 영광이 아니겠는가. 이제 대원신통이 때를 만났으니, 미실 네가 자신을 부지런히 갈고 닦는다면 큰 영화를 얻을 수 있으리라."

용모가 절묘하여 풍후함은 옥진을 닮았고, 환하게 밝음은 벽화를 닮았고, 빼어나게 아름다움은 오도를 닮아서 백화의 신묘함을 뭉쳤고, 세 가지 아름다움의 정수를 모았다고 할 수 있었다. 옥진이 "이 아이는 우리의 도를 일으킬 만하다."고 말하고, 좌우에서 떠나지 못하게 하며 교태를 부리는 방법媚道, 미도과 가무를 (미실에게) 가르쳤다.

《화랑세기 (11세 하종 조)》

미실, 지소태후의 부름을 받다

"꼭 미실이어야 하느냐?"

아들인 세종전군에게 미녀를 붙여 주어 즐겁게 하려던 지소태후는 막상 세종이 연회에서 본 미실을 주목하자 석연치가 않았다. 지소태후는 진골정통의 여인으로 대원신통의 며느리인 사도왕후를 미워했는데 지소태후의 아들인 세종전군이 지목한 미실은 사도의 조카가 되니, 경계하지 않을 수 없었다. 그러나 아들이 미실을 몹시 원하고 크게 염려할 일은 아니라고 판단, 미실을 입궁시키는 것을 허락했다.

"내가 너를 가르친 것은 사도왕후의 밑에 들어가 왕의 잉첩이 되게 하기 위함이었지 어찌 전군을 섬기라 한 것이겠느냐. 그러나

배를 탄 남자 토우(위), 사랑을 나누는 남녀 토우(아래)

남자가 배 위에서 자신의 성기를 만지거나, 남녀가 몸을 섞는 모습을 표현한 토우를 보면 신라인들의 자유롭고 원초적인 성 의식을 잘 알 수 있다.

세종전군께서 너를 주목하여 전군의 어머니인 지소태후가 너를 부르시니 이를 어찌할 것인가."

옥진은 미실에게 이렇게 한탄했다. 미실은 이제 막 꽃망울을 터뜨리는 봄날의 꽃처럼 싱그럽고도 또 싱그럽고, 젊고 또 젊어 그저 바라보는 것만으로도 눈이 부시도록 아름다웠다. 미실은 가히 왕을 섬기기에 충분한 젊음과 아름다움 그리고 교태까지 갖추었거늘 미실이 왕을 섬기지 못하고 전군을 섬기게 된 것이 옥진은 못내 아쉬웠다. 신분이 높은 이에게 색공을 할수록 대원신통의 세가 커지기 때문이었다. 세종은 지소태후의 아들이긴 하지만 진흥왕과는 아버지가 다른 형제여서 왕족임에는 분명했지만 정식 왕자가 아닌 전군에 불과했다.

"지금은 전군의 첩으로 궁에 들어가지만, 빈첩의 도가 색공에 있는데 어찌 진흥대왕을 받들지 못하겠습니까?"

옥진은 미실의 당돌한 말에 크게 기뻐하며 손녀인 미실의 등을 쓸어내리며 말했다.

"네가 족히 도를 말하니 나는 근심이 없다! 너로 인하여 대원신통이 크게 일어날 것이다."

드디어 미실이 세종전군의 첩으로 들어가기 위해 신궁에서 길례를 행하는 날이 되었다. 옥진은 젊음을 꽃피우려는 손녀딸 미실을 위해 그 옛날 묘도를 직접 씻기고 치장한 것처럼 직접 목욕물을 받고 목욕물에 꽃잎을 띄웠다. 미실이 목욕물에 들어가자 옥진은 미실의 머리를 길게 늘어뜨리고 정성스레 빗어주기 시작했다. 한 점의 티도 없이 곱디 고운 몸이었다. 터질 듯한 젊음으로 한 시대를 기다리는 여체였다.

아름답거라. 더욱 아름답고 교태를 부려라. 그것이 빈첩이 영화를 누리며 살아가는 방편이란다. 색공에 임할 때는 머뭇거림이 없어야 하고 나를 주장하기보다는 모시는 이의 마음을 먼저 헤아려라. 너의 수고를 아끼지 말고 오직 충성함으로 왕께 헌신하되, 당당한 교성으로 너의 존재를 증명하거라! 모시는 태양마다 네 앞에 무릎을 꿇게 하라. 그러면 태양을 무릎 꿇게 한 네 앞에 세상이 무릎을 꿇게 되리라. 왕은 신국의 신神이라, 신을 무릎 꿇게 한 여인이 세상을 지배하고 천하를 얻으리라.

세종전군의 첩이 된 미실은 그 미모와 기교로 세종의 마음을 사로잡았다. 세종의 어머니 지소태후는 미실이 아들의 마음을 지나치게 사로잡자 미실을 더욱 경계하고 좋아하지 않았다.

"너로 하여 전군을 편하게 받들고 즐겁게 해드리라는 것이었는데 감히 지나친 색사로 전군을 어지럽혔으니 그 죄를 용서할 수 없다!"

지소는 이렇게 미실의 트집을 잡아 미실을 출궁시키고 세종을 융명과 강제로 결혼시켰다. 그러나 전군이 괴로워하고 먹지도 마시지도 못하며 미실을 잊지 못하자 지소는 하는 수 없이 미실을 전군의 첩으로 다시 불러들였다. 미실이 다시 궁에 들어오자 전군은 기뻐서 한달음에 미실에게 달려갔다. 그러나 정작 침실에서 전군을 맞이한 미실은 고개를 내저었다.

"전군에게는 이제 융명이라는 처가 있는데 어찌 내가 색공을 하겠습니까. 첩의 신분이 부끄러워 전군을 받들지 못하겠습니다."

미실은 세종전군의 처가 아니라 첩이라는 사실에 색공에 응하지 않았던 것이다. 전군은 이에 태후에게 청하여 미실을 부인으로 삼고 정식 처였던 융명을 차비로 삼았다. 그리고 미실과 더불어 정을 배반하지 않기로 약속하고 마침내 융명을 내쫓아 버렸다. 미실은 지소태후의 명으로 입궁하여 세종을 모시다가 또 지소태후의 명으로 궁에서 쫓겨났다가 다시 불려 들어가 세종과 합하게 되는 동안 권력이란 무엇인지, 자신이 가진 미모와 재주로 권력을 잡으면 얼마나 많은 힘을 누릴 수 있을지 서서히 깨달아 갔다.

신국神國에는 신국의 도道가 있으니

옥진, 묘도, 미실 등 여기에 나오는 여인들은 모두 신라에서 왕과 그 일족에게 빈첩의 도를 행하기 위해 색공을 한 여자들이다. 이들은 어느 날 우연히 왕의 눈에 띄어 후궁이 된 것과는 차원이 다르게 색공을 전문적으로 제공하는 특별한 가문의 사람들이었고, 이런 가문의 사람들을 색공지신色供之臣이라 불렀다. 색공지신에는 대원신통과 진골정통이라는 계통이 있었다. 이들은 지위가 높은 남자들에게 색공을 많이 할수록 그 영향력이 커지고 더 많은 권력을 갖게 되었기 때문에 서로가 신분이 높은 이의 첩이나 처가 되려고 애썼다. 옥진궁주나 묘도, 미실은 대원신통에 속하는 색공지신이었고, 사도는 대원신통으로서 왕후가 되었고, 지소태후 역시 진골정통의 여자로 태후에까지 오른 여자였다.

왕에게 색공을 하는 것은 아무나 할 수 있는 일이 아니라 색공지신의 가문에서만 주로 잉첩들을 배출했다. 또한, 색공을 받는 것 역시 아무나 받을 수 있는 것이 아니라 오직 신분이 높은 이들만 받을 수 있었던 것이다. 여기서 한 가지 놀라운 점은 색공지신인 여인들 또한 엄연히 남편이 있었다는 것이다. 법흥왕을 모신 옥진의 경우 법흥왕의 부름을 받을 당시 영실이라는 남편이 있었고 법흥왕의 부름을 받았을 때 옥진도 영실도 그 명에 순종했다. 당시의 복잡한 색공 관계는 현대인의 눈으로 살펴보아도 매우 파격적인 것이지만 신국에서 색공을 하는 가문의 여인으로 태어난 사람들에게는 그것이 운명이자 사명이었고 지극히 당연한 삶의 모습이었던 것이다.

진흥왕의 어머니 지소태후의 경우를 보면 당시 신라에 근친혼이 얼마나 자연스러운 혼인 풍속이었는지를 알 수 있다. 율령을 반포하고 불교를 공인하며 중앙집권체제를 정비하여 신라의 국가적 위상을 바꿔 놓았던 법흥왕은 아들이 없었다. 물론 애첩 옥진궁주와의 사이에서 아들이 하나 있었으나 그는 왕후의 아들이 아니라 궁주의 아들로서 적자가 아니었기에 태자가 될 수 없었고 결국 법흥왕의 조카이던 진흥왕이 일곱 살의 어린 나이로 왕위를 이어받았다. 그런데 진흥왕의 어머니 지소는 법흥왕의 친딸로 아버지의 동생과 결혼하여 진흥을 낳은 것이었다. 따라서 지소는 작은아버지와 근친혼을 한 것이 되고 진흥왕은 법흥왕의 조카인 동시에 외손자가 되는 것이다.

"신라에서는 같은 성끼리 혼인하는 데 그치지 않고 형제의 자식이나 고모, 이모, 사촌 자매까지 아내로 맞았으니, 비록 외국으로서 각기 풍속이 다를지라도 중국의 예속으로써 이를 따진다면 큰 잘못이라 하겠다."고 적혀 있는 것만 보아도 근친혼이 성행했음을 알 수 있다.

《삼국사기 (신라본기 내물왕 조)》

색공이나 근친혼 등 파격적인 신라의 성 풍속은 같은 시대의 고구려, 백제와 비교해 보아도 사뭇 다른 것이었다. 그러나 신국의 이러한 풍속은 단순히 성적인 문란이라기보다는 지배계층의 혈통을 철저히 지켜 나가기 위한 하나의 방편이었다. 혈통을 중시한 신라인들은 자식을 귀히 여겼고 귀한 혈통의 자손을 보는 일을 무엇보다 중시했다. 색공은 이런 왕이나 태자의 자손을 생산하기 위해 생겨난 것이며, 신라의 지배층은 근친혼을 통해 자신들의 성골 신분 혈통을 철저히 지켜나가고자 했다. 골품제에 따라 성골만이 왕이 될 수 있었던 신라에서 성골이란 성스러운 신분을 의미했다. 지배계층은 스스로를 신이라 여겼고 신라를 일컬어 신들의 나라라고 했다. 그렇기에 신국에는 신국의 도가 있다고 말하며 스스로의 문화를 소중히 여겼던 것이다. 여성의 정조를 목숨처럼 여기는 조선의 유교적 윤리만을 우리의 역사로 알아 온 우리에게 신국의 도는 또 다른 우리 유전자의 재발견이라 할 수 있지 않을까?

왕후, 사랑에 미쳐 왕을 버리다

젊은 애인과 달아나 버린 진흥왕의 두 번째 왕후 '숙명'

"왕후이기 전에 여인이거늘, 대왕께서 애첩 '미실'에게 미쳐 나를 소 닭 보듯 하는 동안 나 홀로 얼마나 많은 눈물을 흘렸던가? 사랑하고 사랑 받으며 사는 것이 여인의 행복인데 월성 담벼락 속에 갇혀서 내 청춘이 다 가도록 외로움에 떨다 이제야 사랑을 알았으니 어찌 그를 그저 가슴에만 담아 둘 수 있으랴."

왕후궁에 들이닥친 진흥대왕

"왕후는 어디 계시냐?"

갑작스럽게 왕후궁을 찾은 진흥왕이 근엄한 목소리로 시종들에게 물었다. 시종들은 서로의 눈치를 살피며 조심스럽게 고했다.

"영흥사로 행차하셨습니다."

"이 시간에 어찌 영흥사에 갔단 말인가!"

벌써 해가 지고 있었다. 왕은 왕후의 침소로 들어가 앉으며 호통을 치며 말했다.

"왕후가 돌아올 때까지 내 여기서 기다릴 터이니 그리 알라!"

생사를 넘나드는 전장을 누비며 수많은 영토를 차지하고 적국의 장수를 수없이 베어 넘긴 대왕이었지만 왕후의 빈자리 앞에서는 한없이 짜증스러울 수밖에 없는 평범한 남자에 불과했다. 한 해가 다 가도록 왕후의 침소를 찾은 일이 없었던 무심한 남편이었지만, 궁 밖 출입이 잦아진 왕후의 오늘밤 행방에 대해서는 더없이 예민해졌다. 밤이 깊어 새벽이 되어갈 무렵 왕후가 아침이슬을 맞으며 궁으로 돌아왔다. 왕후궁은 음침할 정도로 적막에 휩싸여 있었고 왕후는 발소리를 죽이고 침소에 돌아와 안도의 한숨을 내쉬었다. 그때 왕후가 갑작스런 인기척에 깜짝 놀라 돌아서며 이렇게 물었다.

"누, 누구냐?"

왕후는 뜬눈으로 밤을 새느라 붉게 충혈된 한 사내의 눈과 마주쳤다.

"전……전하!"

왕후는 자빠질 듯 놀라 소리쳤다. 왕은 벌떡 일어나 성큼성큼 걸어 나오더니 촛불을 왕후의 얼굴 가까이까지 확 갖다 대었다. 금방이라도 불이 옮겨 붙을 듯 왕후의 얼굴이 뜨거워졌다.

"왕후는 영홍사에 다녀온다 하더니 부처님은 아니 만나고 도대체 누구를 만나고 왔기에 머리는 헝클어지고 옷매무새는 당장이라도 풀어질 듯 느슨하단 말이오?"

숙명왕후는 왕의 시선을 피하며 고개를 옆으로 홱 돌려 버렸다. 성난 왕이 숙명왕후에게 바짝 다가서며 말했다.

"그대는 왕후요. 왕후는 세상이 다 아는 왕의 여자임을 정녕 모른단 말인가!"

왕이 침소가 떠내려갈 듯 우렁찬 목소리로 왕후의 코앞에서 소리를 질렀다. 숙명은 공포에 떨며 몸을 움츠렸다. 아무리 왕을 개의치 않는 숙명이었지만 맹수처럼 포효하는 왕 앞에서는 두려움을 느끼지 않을 수 없었다. 하지만 숙명은 애써 아무렇지 않은 듯 이렇게 쏘아 붙였다.

"한 배에서 태어난 남매라 하여 나를 사랑해 주지 않은 사람이 바로 왕이 아니셨습니까? 이제 와서 나에게 연연함은 어쩐 일이란 말입니까?"

숙명과 진흥왕은 아버지는 달랐지만 한 어머니, 즉 지소태후에게서 난 남매 사이였다. 하지만 두 사람은 어머니 지소태후의 원으로 결혼을 하게 되었고, 서로에게 매력을 느끼지 못했다. 이런 가운데에서도 숙명은 막강한 권력을 가진 태후의 딸이었고 신라 최고 관직인 상대등 태종의 딸이기도 했기 때문에 왕조차 숙명을 함부로 대할 수 없었다. 사도라는 첫째 왕후가 있음에도 불구하고 숙명이 진흥왕의 왕후가 될 수 있었던 것은 바로 이러한 탄탄한 배경 덕분이었다. 하지만 권력으로도 사랑은 살 수 없었다.

"감히 왕을 배반하려 한단 말인가! 오늘은 내 그대의 본분이 바로 이 왕에게만 있음을 깨닫게 해주리라!"

왕이 거칠게 숙명의 머리를 움켜쥐더니 옷을 벗기고 그녀를 잡아당겼다. 숙명이 왕을 밀어내려 했지만 역부족이었다.

"아악!"

"누구도 왕에게 거역할 수는 없다!"

숙명이 거구인 왕의 품 안에서 버둥대더니 마침내 왕의 아랫입술을 깨물어 버렸다.

"으……. 이런 고얀!"

왕의 입술에서는 붉은 피가 새어 나왔다. 왕은 손등에 묻은 피를 보자 정신을 놓아버린 듯 분노에 입술을 부들부들 떨며 외쳤다.

"이제부터 너는 죽기까지 왕에게만 색공을 바치라!"

"나는 첩이 아니라 왕후입니다! 아악!"

왕이 숙명을 쓰러뜨리더니 올라타서 순식간에 숙명을 제압해 버렸다. 숙명은 비명 같은 신음 소리를 내며 처절한 목소리로 슬피 울었다. 왕후궁에 슬픈 새벽이 다가오고 있었다.

부정한 왕후를 폐하라

"왕후를 폐할 것이다!"

"대왕이시여, 통촉하옵소서."

신하들이 머리를 조아리며 간청했다. 상대등 태종은 고개를 아래로 숙이고 아무 말도 하지 않았다. 딸의 일이니 공과 사를 가려 논하기가 어려운 입장이었다. 대왕의 아랫입술에는 아직도 그날 밤의 상처가 남아있었다. 왕은 자신을 거부하다 못해 입술까지 물어뜯은 왕후가 괘씸하여 견딜 수가 없었다. 왜 이렇게까지 화가 치밀어 오르는지 본인도 알 수 없는 일이었다. 사도왕후가 있었음에도 불구하고 어머니의 권유로 어쩔 수 없이 맞이한 숙명이었기에 여인으로서의 애틋함 같은 것은 없었다. 숙명 또한 진흥왕에게 남자를 느끼지 못하는 것 같았다. 하지만 숙명이 막상 다른 남자와 정을 통하고 있다는 사실을 알게 되니 끝 모를 질투가 저 밑바닥에서부터 부글부글 끓어오르는 것 같았다. 내 품에서는 목석같던 왕후가 다른 남자에게 눈이 멀어 버리다니.

그렇다고 왕후의 부정을 캐내어 두 사람 모두에게 죄를 묻자니, 왕후가 왕을 배신한 사실이 만천하에 드러나게 될까봐 그럴 수도 없었다. 왕후를 폐함으로써 상처 입은 자신의 자존심을 회복하고자 했다. 하지만 그것도 쉽지 않았다.

숙명이 누구인가. 숙명은 태자 '정숙'을 낳았으니 태자의 어머니였다. 또 왕의 어머니인 지소태후의 딸이니 왕과는 같은 어머니에서 난 남매간이었다. 숙명을 폐한다면 태후가 가만히 있지 않을 것이었다. 그렇다면 태후는 누구인가. 돌아가신 선대 법흥왕의 딸로 열 살도 안 된 아들인 진흥이 왕위를 이어받자 어린 아들 진흥왕을 대신하여 막강한 권력을 휘둘렀던 여인이었다. 그런 태후가 벌써부터 왕의 침소를 찾아와 눈물로 호소하며 숙명을 용서해 줄 것을 청하고 있었다. 강단 있는 태후가 눈물로 호소함은 어떤 일이 있어도 숙명을 지키겠다는 것을 왕에게 시위하는 것이었다.

숙명의 생부인 상대등 태종을 무시하고 숙명을 폐할 것인가? 지소태후의 분노를 무릅쓰고 숙명을 내치겠는가? 진흥왕은 결국 왕후를 폐하겠다는 생각에서 한발 물러설 수밖에 없었다. 자신의 감정대로 행동하기에는 왕실의 여러 이해관계와 힘의 균형이 너무 복잡하게 얽혀 있었다.

"상대가 누구인지 알아오라."

왕은 가까운 시종에게 은밀히 명했다.

이화랑은 위공의 아들이다. 피부가 옥과 같이 부드럽고, 눈은 미소 짓는 꽃과 같고 음률과 문장을 잘했다. ……숙명왕후는 이화랑 공과 더불어 서로 정을 통함이 심하여졌고, 여러 번 왕에게 들켰다. 왕이 (왕후를) 폐하려 하자 (지소)태후가 울면서 간하여 이룰 수 없었다.

《화랑세기 (4세 이화랑 조)》

눈꽃 같은 그대, 이화랑

숙명은 바깥출입을 삼가고 왕의 노여움이 잦아들 때까지 조용히 때를 기다렸다. 자칫 잘못하면 사랑하는 사람까지 위험에 처할지도 모를 일이었다. 정신을 차려야 했다. 그 사람을 지켜야 했다. 나 때문에 그가 위험에 처하거나 출세 길이 막혀서는 안 된다고 되새기며 숙명은 마음을 다잡았다. 차라리 모든 비밀을 혼자서 떠안고 자결이라도 해버리면 이화랑이 안전할 수 있을까 하는 생각도 들었지만 한편으로는 이화랑에 대한 그리움으로 목이 타 들어가는 것 같았다. 낮과 밤의 구분마저 희미해지도록 시간은 지루하게만 흘러갔다.

"나는 약사불이다. 잠시 왕후의 몸을 빌려 머물고자 한다."

갑자기 정신이 혼미해지는 것 같더니 부처가 나타나 이렇게 말을 했다. 숙명이 놀라 무릎을 꿇고 합장 배례하자, 부처가 공주를 끌어안고 그녀의 몸속으로 미끄러져 들어왔다.

"아아."

탄성이 터져 나오고 터져 나온 탄성이 내 목소리인지 다른 사람의 목소리인지 구분도 되지 않는 혼미한 상태에서 문득 인기척이 느껴졌다. 숙명은 깜짝 놀라 눈을 떴다. 밖은 이미 어두워져 있는데 스르르 문이 열리고 누군가 들어서고 있었다. 가만히 어둠 속에서 드러나는 얼굴을 살펴보니 오뚝한 콧날과 영롱한 이마, 꿈에도 그리던 바로 이화랑이었다.

"아니 어쩌자고 여기까지 왔는가? 왕에게 들키기라도 한다면 목숨이 위태로운 것을 정녕 모르는가?"

숙명이 이렇게 묻는데 이화랑은 다짜고짜 숙명을 끌어안으며 이렇게 말했다.

"왕후마마를 그리는 마음 주체할 수 없어 궁인처럼 변복을 하고 들어왔습니다."

이화랑의 살 내음이 숙명의 코끝에 확 풍겼다. 왕후이기 전에 여자이건만, 어찌 이처럼 좋은 사람을 만나서 가슴에만 품고 살 수 있을까. 일년이 다 가도록 발걸음 한 번 없는 왕을 기다리며 꽃다운 청춘을 보내던 숙명이기에 이화랑의 모든 것이 그녀에게는 그립고도 그리웠다.

"그런데 왕후께서는 어찌하여 알을 품고 있는 어미 새처럼 엎드려 계셨습니까?"

이화랑이 묻자 왕후는 꿈 이야기를 하면서 그의 옷섶 사이로 파고들었다. 이화랑이 기뻐서 속삭였다.

"이는 부처님의 원력으로 귀한 생명을 잉태할 꿈이 아니겠습니까?"

이화랑, 그는 실로 여인보다 더 아름다운 얼굴을 지닌 신라의 가장 미남자였다. 왕실과 친분이 깊어 숙명과는 어릴 때부터 오누이처럼 지냈지만 숙명이 왕후가 되고 나서 두 사람은 이루어질 수 없는 사이가 되었다. 가질 수 없는 여인 숙명을 바라는 이화랑의 마음은 그래서 더 애틋할 수밖에 없었다. 숙명과 이화랑은 마치 수년 동안 헤어졌다가 다시 만난 정인들처럼 서로를 꼭 끌어안았다. 이화랑은 부처님의 원력으로 잉태될 새 생명을 왕후의 몸에 깊이 깊이 심어 두려는 듯 더욱더 기쁨에 들떠 그녀를 안았다.

차라리 사랑하는 이의 품에서 죽으리

운명이었는지 왕후는 얼마 지나지 않아서 태기를 보였다. 영험한 꿈을 꾸고 잉태한 아이였으나 막상 아이가 현실로 나타나자 숙명은 두려움이 앞섰다. 왕의 씨가 아니라 이화랑이 심어 준 생명임을 너무도 잘 알고 있었기 때문이었다. 이 일이 세상에 알려지면 왕후는 물론 이화랑도 죽음을 면치 못할 것이 분명한 일이었다. 곧 배가 불러 올 것이었기 때문에 더 이상 왕을 속이는 데에도 한계가 있었다.

왕후는 자신의 배를 감싸쥐듯 어루만졌다. 그 안에는 사랑하는 이의 아이가 자라고 있었다. 더 이상 머뭇거리고 있을 수만은 없었다. 숙명은 은밀히 이화랑을 불렀다.

"내 뱃속에 그대의 아이가 자라고 있다."

"이…… 잉태를 하셨다는 말씀입니까?"

"부처님의 원력으로 잉태를 하였으니……."

그 다음 말은 듣지 않아도 알 수 있었다. 만약 이 일이 알려진다면 아기도, 왕후도, 이화랑도 목숨을 부지하기 어려운 일이었다.

"월성의 담을 넘겠다."

"네? 뭐라 하셨습니까?"

"월성을 넘겠다고 했다."

"어찌 그런 위험한 일을 하시겠다는 것입니까?"

"이화랑! 나와 끝까지 함께 해주겠는가? 이제 와서 내게 왕후의 지위 따위가 무슨 소용이란 말인가. 그대를 마음껏 안아 보지도 만져 보지도 못하며 사느니 차라리 미천한 여인으로 그대의 아이를 키우며 그대의 사랑을 받으며 살고 싶다. 하루, 단 하루만이라도……."

숙명의 눈에 눈물이 그렁그렁 맺히자 이화랑 가슴이 찢어지는 듯했다. 하지만 상대는 왕후가 아닌가? 과연 감당할 수 있겠는가.

"정숙태자님은 어찌하시겠습니까?"

정숙은 숙명이 진흥왕과의 사이에서 낳은 아들로 사도왕후가 낳은 동륜왕자가 있음에도 불구하고 태자로 책봉된 왕자였다. 지소태후가 숙명이 낳은 정숙이 태자가 되기를 원했기에 가능한 일이었다.

"정숙은 태자이니 대왕께서 돌봐주실 것이다."

그러나 어미가 남자와 도망을 하게 되면 정숙의 앞날 또한 평탄치 않으리라. 숙명은 가슴이 미어지는 것 같았지만 이미 돌이킬 수 없는 일이었다.

"이화랑, 당신의 아이를 낳고 싶소. 당신의 이마, 당신의 눈, 당신의 코와 당신의 향기까지 당신의 모든 것을 닮은 아들을 말이오. 그대 없이 사느니 차라리 그대 품 안에서 죽으리……."

이화랑은 이제 결심이 선 듯 왕후의 두 손을 꼭 잡더니 그녀를 품에 꼭 끌어안았다. 그가 품에 안은 여인은 지소태후의 딸이자 왕의 아내로 온갖 부귀영화의 정점에 있으면서도 한낱 이름 없는 귀족 청년에게 스스로를 내던진 가련한 여인이었다.

> 왕이 숙명을 사랑하지 않았는데 숙명은 스스로 임신을 했다. 이에 공과 더불어 도망하여 나갔다. 임신을 할 때 숙명왕후는 공을 사모하는 마음을 스스로 억제할 수 없어, 화가 공에게 미칠까 염려하여 자살을 하려 했다. 갑자기 금불이 와서 고하기를 "나는 곧 약사불이다. 공주의 배를 빌려 머물고자 한다." 했다. 공주는 이에 그 앞에 무릎을 꿇고 합장하여 배례하니, 부처가 공주를 안고 엎드려져 마치 들어오는 것 같았다. 그때 공 또한 공주를 사모하는 마음을 금하지 못하고 궁중으로 침범했는데, 공주가 바로 누워 마치 품고 있는 것을 잃은 것 같이 하고 있는 것을 보고, 까닭을 묻고는 기뻐하며 말하기를 이는 "곧 부처의 원력이다."했다. 이에 몸을 섞고…….
>
> 《화랑세기 (4세 이화랑 조)》

자식도 버리고 왕후의 부귀영화도 버리고

"잡아라! 왕후는 생포하고 이화랑은 죽여도 좋다는 어명이시다!"

무사들이 왕의 명령을 받고 사랑의 도피를 감행한 숙명과 이화랑을 무섭게 쫓았다. 어디서 이야기가 샜는지 왕이 미리 알고 무사들을 보낸 것이다. 숙명은 임신한 몸인 까닭에 쉴 새 없이 구토를 하고 이화랑은 공포로 식은땀을 흘리며 칼을 쥔 손에 힘을 꽉 주었다. 조금만 더 가면 월성 벽이었다. 하지만 이화랑이 준비해 둔 밧줄에 채 닿기도 전에 무사들에게 잡힐 것처럼 거리가 점점 가까워지고 있었다.

"이화랑은 검을 받아라!"

거리가 가까워지자 무사 한 사람이 이화랑을 향해 단검을 날렸다. 미처 막을 새도 없이 급작스럽고 빠른 검이었다.

"챙!"

이제 끝이구나 하던 순간, 어디선가 검객들이 달려 나와 이화랑을 향해 날아드는 검을 막아 주었다.

"누구냐!"

왕의 무사들이 소리쳤다. 무사와 검객들 사이에 접전이 벌어지는데 어떻게 알았는지 멀리서 정숙태자가 달려와 어미를 찾는 것이 보였다. 태자 뒤에는 시종들이 태자를 만류하며 따르고 있었다.

"어마마마!"

정숙은 아직 어미 품에서 한참 재롱이나 부릴 나이였다. 지금 헤어지면 언제 다시 볼 수 있을지 알 수 없는 일이었다. 하지만 숙명은 지켜야 할 또 하나의 생명이 있기에 입술을 꽉 깨물었다. 갑자기 나타난 검객들이 왕의 무사를 막아 주는 동안, 두 사람은 미리 준비해 놓은 밧줄을 잡고 담을 오르기 시작했다.

"어마마마, 어마마마!"

"왕자님!"

시종들이 무례를 무릅쓰고 어미에게 달려가는 왕자의 두 팔을 강제로 잡아끌었다.

"왕후를 막아라, 이화랑을 죽여라!"

왕의 무사들이 달려들었지만 두 사람을 지키려는 검객들의 방어 또한 만만치 않았다. 검객들은 숙명을 보호하려는 지소태후가 보낸 자들이었다.

"놓치면 안 된다! 잡아라!"

무사들과 검객들의 현란한 칼 소리와 비명을 들으며 이화랑과 숙명은 마침내 담 끝까지 올랐다. 담 아래로는 월성을 두르고 있는 구지의 검은 물이 커다란 아귀를 벌리고 도도히 흐르고 있었다. 이화랑이 숙명을 바라보았다.

"준비는 되셨는지요?"

"……."

숙명이 눈물과 땀으로 뒤범벅된 얼굴로 말없이 고개를 끄덕였다. 두 사람은 깍지를 끼고 서로의 손을 움켜잡으며 서로를 마주보았다.

"자, 이제 뛰십시오!"

이화랑의 짧은 한마디가 들리는 순간, 두 사람은 구지의 검은 물속으로 풍덩 뛰어내렸다. 설령 여기서 죽음을 맞이한다고 해도 무슨 여한이 있으랴. 왕을 능멸했다고 아들을 버렸다고 세상이 비웃고 하늘이 노한대도 나는 결코 이 사랑을 놓지 않으리. 내 하나뿐인 사랑을 후회하지 않으리!

첨벙!

검은 물이 비명을 질렀다. 나를 선택하고 나와 함께 목숨을 걸어준 그대만 있다면 나는 그것만으로도 감사하며 가리라. 눈꽃보다 아름다운 사람, 내 사랑 이화랑이여.

사랑 후에 다가오는 세월들

"정숙태자가 왕의 아들인지 아닌지 어찌 장담할 수 있는가? 누구의 씨인지도 알 수 없는데 어찌 그를 태자의 지위에 그대로 둘 수 있겠는가?"

숙명왕후와 이화랑이 야반도주夜半逃走를 하자 여기저기서 정숙태자의 왕통에 대한 시비가 일었다. 어미인 왕후가 젊은 화랑과 바람이 나서 달아났으니 당연한 의심이었다.

"정숙을 태자에서 폐하고 동륜을 태자로 책봉하라!"

드디어 왕의 명이 떨어지고 사도왕후의 아들인 동륜이 태자로 새로 책봉되었다. 정숙은 하루아침에 어미를 잃고 태자의 자리에서 쫓겨난 데다 아버지의 눈 밖에 난 서러움 속에서 유년 시절을 보내야 했다. 진흥왕의 첫 번째 왕후인 사도왕후와 그의 아들 동륜태자에게는 숙명왕후의 애정행각이 오히려 행운이 된 셈이었다. 사도는 동륜과 자신의 입지가 확실해지기 위해서는 지소태후의 눈 밖에 나면 안 된다는 사실을 잘 알고 있었다. 그래서 사도는 숙명과 이화랑이 부부가 되어 살 수 있도록 아량을 베풀어 달라고 날마다 왕에게 힘써 권했다.

마침내 왕이 허락하여 이화랑과 숙명은 부부가 될 수 있었고 이화랑은 화랑도의 풍월주화랑의 우두머리의 자리도 버리고 오직 불도를 닦으며 숙명과 함께 살아갔다. 두 사람이 월성을 빠져 나올 때 수태한 아이는 어느새 태어나 그 이름을 원광이라 지었고 세월이 흐른 후 또 보리가 태어났다. 세월은 계속 흘러 숙명의 어머니 지소태후도 세상을 떠나고, 진흥왕도 풍질에 걸려 세상을 떠나고 만다. 이렇게 진흥의 시대는 가고 동륜마저 비명횡사하자 동륜의 동생인 금륜이 왕위에 올랐다가 동륜의 아들인 진평왕의 시대가 되었다. 세상은 이렇게 권력 다툼으로 급박하게 돌아가는 가운데도 숙명과 이화랑은 폭풍에서 멀리 떨어진 사람들처럼 자신들만의 세계에 살았다. 이화랑과 숙명이 머무른 곳이 바로 영흥사라는 곳인데 남녀가 서로의 정을 통해 목숨을 걸고 빠져 나와 몸을 섞고 지낸 곳이 절이라는 게 참 재미있는 일이다.

신라는 법흥왕 14년, 이차돈의 순교로 불교를 받아들인 이후에 왕실 세력을 중심으로 불교를 폭넓게 받아들였다. 선도仙道를 따르는 선의 무리인 화랑들도 이와 같은 영향으로 불교의 영향을 많이 받았다. 이화랑과 숙명이 불교에 귀의한 것도 이런 연유에서일 것이다. 그렇게 수십 년이 흐른 어느 날, 영흥사 마당에 따뜻한 봄볕이 가득 차 있었다. 절 곳곳에는 노랗고 붉은 꽃들이 얼굴을 내밀고 햇살 속에서 새로 태어남을 자랑하고 있었다. 어느 새 나이를 많이 먹은 이화랑이 자신의 영원한 사랑 숙명에게 물었다.

"신이 공주와 더불어 영흥사에서 산 지 어느덧 40년이 지났습니다. 이제 그만 저와 함께 태후와 대왕이 계시는 옥경하늘 위 옥황상제가 사는 곳으로 가는 것이 어떻겠습니까?"

숙명은 드디어 때가 임한 것을 알고 이화랑의 눈을 지그시 들여다보았다. 그동안 지나간 세월의 흔적이 빠짐없이 곳곳에 패여 있었지만 여전히 아름답고 또 아름다운 사람이었다. 비록 수많은 신라 여인들을 설레게 했던 그때의 모습이 지금은 사라지고 없지만 그 대신 서로 사랑하며 쌓아온 시간들이 바로 그 얼굴 위에 담겨 있었다.

"낭군이 향하는 바를 저 역시 마땅히 따르겠습니다."

두 사람은 다시 한 번 예전 월성 담을 넘을 때처럼 두 손을 꼭 움켜쥐었다. 사랑 후에 다가오는 세월은 때로 사랑보다 더욱 강력하여 모든 것을 흩어버리기 마련이건만, 이 세월들을 모두 견뎌낸 두 사람의 사이에는 사랑보다 더욱 강력한 그 무언가가 두 사람을 묶어주고 있는 것 같았다. 그리고 603년, 결국 두 사람은 운명처럼 한날한시에 나란히 누워 임종을 맞았다. 비록 일탈에서 시작된 불륜이었으나, 40년이 넘도록 오래 함께한 두 사람의 지고지순한 사랑에 하늘도 그 마음을 움직인 것 같았다.

> 숙명왕후는 이화랑의 아름다움에 깊이 빠져 골품(신분)을 초개처럼 버리고……손을 잡고 출궁하여 종신토록 배반하지 않으니 …… 눈이 맞아 출궁했을 때 진흥왕의 노여움이 혁혁하며 무거운 형벌이 앞에 있어 목숨이 털끝 같았으나, 오히려 부둥켜안고 사랑하며 굴하지 않아 우리 신국(신라)의 대성인 원광법사를 낳았으니 진실로 하늘의 뜻이다.
>
> 《화랑세기 (12세 보리 조)》

숙명의 아들 원광이 수나라에서 불법을 깊이 깨닫고 신라로 돌아오자, 왕실은 물론 온 백성이 그를 기뻐하며 맞았다. 도를 깨치고자 하는 젊은이들이 그가 머무는 절로 구름처럼 몰려들었다. 하루는 귀산과 추항이라는 젊은 화랑 두 사람이 원광을 찾아와 이렇게 물었다.

"법사님, 저희들은 화랑이지만 어리석어 아는 것이 없으니 한 말씀 가르쳐 주시면 평생의 교훈으로 삼겠습니다."

원광이 시선을 돌려 젊은이들을 향했다. 고개를 돌린 원광의 이마는 형형한 빛을 내뿜는 이화랑의 이마를 닮았고 예리하고도 총명한 눈빛은 바로 숙명의 그것이었다. 아름다운 원광이 입을 여니 두 젊은이가 설레는 마음으로 말씀을 받았다.

"사군이충事君以忠, 충성으로써 임금을 섬긴다, 사친이효事親以孝, 효도로써 어버이를 섬긴다, 교우이신交友以信, 믿음으로써 벗을 사귄다, 임전무퇴臨戰無退, 싸움에 임해서는 물러남이 없다, 살생유택殺生有擇, 산 것을 죽임에는 가림이 있다이라. 삼가 경계하고 지키면 일생에 실수가 없을 것이다."

귀산과 추항은 세속오계를 받아 더욱 정진하다가 나라를 위해 장렬하게 전사하여 이름을 남겼다. 두 사람이 받은 세속오계는 이후 화랑들이 받드는 신념이 되었다. 이화랑과 숙명의 운명적 사랑은 이렇게 신라의 정신적 지주로서 백성을 이끌었던 원광의 생명 속에 녹아 이어지고 있었다.

신라인 이야기 1

《화랑세기》는 위작인가, 역사인가?

-《삼국사기》,《삼국유사》VS《화랑세기》

고려인이 쓴 신라 이야기,《삼국사기》와《삼국유사》

신라는 삼국을 통일하고 삼국 중 최후까지 살아남은 위대한 나라임에도 불구하고 역사적인 기록 부분에는 아쉬움이 많다. 고구려의《유기》나《신집》, 백제의《서기》처럼 신라에도 거칠부가 지었다고 전해지는《국사》가 있었으나 현재는 전해지지 않고 있기 때문이다. 그래서 신라의 역사를 살펴보려면 우리는《삼국사기》나《삼국유사》를 봐야 한다.

《삼국사기》는 1145년 고려 인종 때 김부식이 유교사관에 입각하여 삼국의 역사를 정리한 것이며,《삼국유사》는 마찬가지로 고려 인종 때 써졌으나 승려의 신분인 일연이 불교적 사관에 입각하여 설화나 신화를 중심으로 엮은 책이다.《삼국사기》는 여러모로 뛰어난 역사서이나 이 책을 쓴 김부식이 선덕여왕에 대해 "할멈이 규방에서 나와 정사를 보다니 나라가 망하지 않은 게 다행"이라고 폄하하며 남성 중심 사관의 한계를 드러내기도 했다.

신라인이 쓴 신라 이야기, 《화랑세기》

《화랑세기花郎世記》는 유일하게 신라인 김대문이 쓴 신라의 이야기로 알려졌으나 현재는 전해지지 않는다. 사라진 책이었던 《화랑세기》가 다시 역사의 쟁점으로 떠오른 것은 일제시대에 박창화가 필사했다는 필사본 《화랑세기》가 1989년 발견되면서부터이다. 저자 김대문은 풍월주화랑도의 우두머리를 배출한 진골 집안의 후손으로서 역대 풍월주들의 이야기와 그들의 모계, 부계 혈통에 대해 서술해 놓았는데, 김대문 가문의 족보나 마찬가지라 하겠다. 화랑세기에 나오는 화랑들의 사적, 공적 삶의 모습들을 통해 우리는 신라인들 특히 왕실을 중심으로 한 지배계층의 삶, 신라만의 독특한 문화와 사상들을 생생하게 엿볼 수 있다.

상상도 못할 신라의 성 풍속도, 과연 사실인가?

《화랑세기》에는 다른 어떤 역사서에서는 찾아볼 수 없는 신라의 생생한 역사가 담겨있음에도 불구하고 문란한 성 풍속과 근친혼

등의 내용 때문에 위작 시비가 끊이지 않았다. 하지만 일부 역사학자들은 다음과 같은 이유로 화랑세기가 위작이 아니라고 주장한다.

첫째, 《화랑세기》에 나오는 미실의 향가는 조작할 만한 수준의 작품이 아니다. 필사본 《화랑세기》에 나오는 신라의 팜므파탈 미실의 향가는 상당한 수준의 문학작품으로서 이것을 박창화가 지어냈다고 보기 힘들다. 문장에 탁월하여 궁에서 왕 대신 문서를 참견했을 정도라고 알려져 있는 미실의 것이라야 이해가 갈 만한 작품인 것이다. 만약 이것이 사실이라면 필사본 《화랑세기》에 나오는 미실의 향가는 현존하는 가장 오래된 향가가 된다.

둘째, 《화랑세기》에서 언급한 '구지'의 존재이다. 구지는 왕궁인 월성 둘레에 적의 침략에 대비하여 파 놓은 못으로, 신라 당대에 매립되었다가 1980년대 후반에 와서야 국립문화재연구소의 발굴로 세상에 알려졌다. 만약 《화랑세기》가 일제시대의 박창화가 조작한 것이라면 그가 어떻게 매립된 구지의 존재를 알 수 있었겠는가? 더구나 구지는 학자들에 따르면 다른 나라의 못과는 달리 못과 도랑이 함께 연결된 독특한 형태라고 한다.

셋째, 임신한 유부녀와 성관계를 하면 그 아이가 태어난 후 마복자로 삼는다는 신라의 풍속은 세계 어느 나라에서도 유례를 찾아볼 수 없는 특이한 현상이다. 이렇게 희귀한 풍속을 박창화가 그저 상상만으로 생각해 냈을 가능성은 매우 희박한 것이다.

《화랑세기》에 나오는 남녀관계는 이백 년 가까운 세월 동안 얽히고설켜 지금의 우리가 반복해서 읽어도 이해하기 힘들 정도라서, 도저히 박창화 혼자서 상상해 냈다고 볼 수 없다. 오직《화랑세기》를 실존하는 역사서라 가정하고 혈통을 중시한 신라인 김대문이 화랑들의 모계, 부계 혈통을 세세하게 기록한 것이라고 생각해야 상식적으로 무리가 없다. 신라에서는 자연스러운 성문화였기에 저자 김대문이 굳이 감출 이유도 없었으리라.

아들, 아버지의 여자를 탐하다

왕의 빈첩을 사랑하다 죽음을 당한 '동륜태자'

"보명의 뒷모습만 봐도 가슴이 벌렁거리고 다리에 힘이 풀리는 듯하오. 내가 여인을 모르는 사내도 아니고 일찍이 미실궁주에게 음사의 도를 배웠건만 이제 와서 새삼 작고 소녀 같은 보명에게 이리 연모의 정이 우러나옴은 어쩐 일인가. 보명은 아버지의 빈첩이라 감히 취할 수도 없건만 눈에 아른거려 잊을 수가 없으니 오늘밤은 담이라도 넘어 그녀를 취하고야 말리라."

대원신통의 색신 '미실'

"나의 아들 동륜태자는 좋은 아이이니, 동륜과 더불어 서로 친하여 아들을 갖게 되면 만호를 내쫓고 너를 왕후로 삼을 것이다."

숙명왕후가 달아난 후 동륜이 태자가 되자, 동륜의 어머니인 사도왕후와 대원신통의 기세가 등등해졌다. 지소태후는 사도의 아들 동륜이 태자가 된 것을 못마땅하게 여기면서 지소태후의 계통인 진골정통의 여자 '만호'를 동륜과 결혼시켜 진골정통의 세를 넓히려 했다. 이를 두고 보고만 있을 사도가 아니었다. 사도는 자신의 혈통인 대원신통의 여자 '미실'을 동륜에게 붙여 진골정통의 확장을 누르려 했다. 미실이 동륜의 마음을 사로잡게 한 다음 지소태후가 동륜과 결혼시킨 만호를 내쫓을 계략이었다. 시어머니와 며느리, 태후 대 왕후, 진골정통 대 대원신통의 줄다리기가 끊임없이 계속되고 있었다.

사도왕후의 은밀한 말에 미실은 속으로 기뻤으나 겸허한 척 되물었다.

"마마, 제가 세종전군의 아들 '하종'을 낳은 지 얼마 되지 않았습니다."

"너는 아직 젊으니 무엇이 어렵겠느냐? 속히 몸을 보하고 내 명대로 따르라."

미실은 색공지신의 양대 계통 중 하나인 대원신통의 여자로 사도왕후에게는 조카가 되었다. 처음 세종전군의 첩으로 궁에 처음 들어와 세종전군의 사랑을 받게 되자 세종전군의 원래 처인 융명을 몰아내고 정처의 자리까지 차지한 여인이었다. 그런 미실이 왕자도 아닌 전군의 정처 자리 정도로 만족할 리 없었다. 세종전군 역시 왕실의 사람으로 고귀한 신분이었지만 그것이 어디 태자에 비길까. 동륜태자와 연이 닿는다면 미실의 입지 또한 확실히 다져지는 것이었다. 게다가 동륜의 어머니인 사도왕후가 밀어 주고 있으니 무슨 일인들 불가능할까. 미실은 회심의 미소를 지었다.

세종의 아이를 낳은 지 얼마 되지 않은 미실의 젖가슴은 마치 새로운 색공을 위해서인 양 한껏 부풀어 있었다. 태자비를 맞이했다고는 하나 아직 풋내기 청년에 불과한 동륜태자는 미실과 사도의 이런 내막도 모른 채 금방 미실의 능수능란함에 넘어가 버렸다.

"아아, 그동안 내가 여인이 주는 즐거움이 무엇인지도 모르고 살다가 이제야 알게 되었구나."

동륜은 마치 처음 여자에 눈을 뜬 소년처럼 미실의 음부 아래서 맥을 못 추다가 차라리 눈을 감아 버렸다. 풍만하고 유연하게 넘실대는 미실의 여체는 바라만 보기에도 감당하기 버거운 폭포수 같은 환희였다. 동륜의 환희에 찬 정기는 미실의 몸에 뿌려졌고 성스런 성골 혈통인 태자의 씨가 색공지신色供之臣의 음부 안에서 새로이 싹을 틔우기 시작했다.

미실, 아버지와 아들 모두에게 색공을 하다

"그대의 조카는 그 미색이 하늘 높은 줄 모르는 절세 미녀인데 어찌 왕을 받드는 첩이 되지 못하고 다른 데로 시집을 갔는가?"

진흥대왕이 지목한 여인은 바로 미실이었다. 사도왕후의 조카인 미실은 이미 왕실의 남자인 세종전군의 아내가 되어 있었지만 풍만한 몸매와 뛰어난 교태로 그만 진흥대왕의 눈에 띄고 말았던 것이다. 대왕이 물었다.

"세종에게는 이미 융명이라는 처가 있지 않았던가?"

왕의 말을 듣고 사도왕후가 놀라 답했다.

"세종에게 이미 융명이 있었으나 세종전군이 미실의 색공을 받은 이후 융명을 사랑하지 않아 지소태후께서 세종전군과 미실을 결혼시키셨습니다."

사도왕후는 마치 새로운 사실을 알리기라도 하는 듯 또박또박 왕에게 고했다. 하지만 이 일은 왕도 모르지 않을 터였다. 권세가 대단한 사도였지만 미실을 욕심내는 대왕 앞에서는 염려스러울 수밖에 없었다. 왕후로서 대왕의 총애가 잉첩에게 가는 것을 시기함이 아니었다. 사도와 미실의 계략으로 미실의 몸속에는 이미 동륜태자의 씨가 자라고 있는데 그 사실이 탄로날까 두려웠다. 또한 왕이 미실을 취한다면 아들의 씨를 밴 여자를 아버지가 취하겠다는 뜻이 아닌가? 하지만 이런 사정을 모르는 대왕은 마지막 한 마디를 덧붙이며 쐐기를 박았다.

"신국에 대왕의 것이 아닌 게 무엇이 있단 말인가? 미실은 색공지신 가문의 여인이니 왕을 받드는 것이 마땅한 사명이다."

"예! 대왕의 명대로 준비시키겠습니다."

사도는 하는 수 없이 미실을 불러들였다. 지소태후의 세를 누르기 위해 대원신통의 여자인 미실을 이용하려는 계략을 추진하고 있는데 이 와중에 왕이 미실을 찾다니, 예상치 못한 상황에 어떻게 해야 할지 혼란스러웠다. 하지만 미실은 왕의 부름에 대해 이렇게 대답했다.

"왕을 색으로 모시는 것이 소녀가 타고난 사명이거늘, 무엇을 망설이겠습니까. 왕께서 원하시면 성심을 다할 뿐입니다."

왕이었다. 삼국의 대토를 차지한 정복군주 진흥대왕이었다. 무엇을 망설이랴? 대왕의 총애를 입는다면 미실은 물론 사도왕후의 대원신통도 더욱 번성할 것이었다.

"온 정성을 다하고 지혜를 다하여 왕을 즐겁게 하는 데 충성을 다하겠습니다."

미실은 다가온 기회를 놓치지 않으려는 듯 사도에게 쐐기를 박았다. 사도는 이에 합궁날짜를 서둘러 잡았다. 미실의 몸에 태자의 씨가 잉태되어 있는 것을 숨기기 위해서는 하루라도 빨리 대왕과 합궁하여 태자의 씨를 대왕의 소생인 양 낳아야 했기 때문이다. 대왕은 미실과 초야를 치르고 곧이어 연이어 두 번 다시 불러 사랑한 후에, 미실을 곁에서 떠나지 못하게 하고 그녀를 사랑함이 천하를 뒤덮을 만했다고 사료는 전하고 있다.

"세종전군으로 하여금 전처인 융명을 다시 받아들여 살도록 명한다!"

대왕은 미실의 남편인 세종전군이 신경이 쓰였는지 세종전군으로 하여금 전처와 다시 합하도록 명령을 내렸다. 세종전군과 진흥대왕은 모두 지소태후의 아들로서 아버지가 다른 형제였지만 미실을 온전히 차지하기 위해 대왕은 세종전군을 미실의 주변에서 잘라내려 했다. 한결같이 미실만을 바라보던 세종은 가슴이 아팠지만 왕이 색신을 찾는데 아내라는 이유로 붙잡을 수 없음을 잘 알고 있었다. 세종은 아내를 내놓으라는 명령도, 다른 여자와 결혼해 버리라는 명령도 거역하지 못하고 오직 순종으로 따를 수밖에 없었다. 신국의 왕은 신이었기에.

> 사도왕후는 대원신통을 잇고자 하여 몰래 미실에게 의논하여 말하기를 …… 미실이 크게 기뻐하여 (동륜)태자와 더불어 상통하여 임신을 했다. (진흥)대왕이 이를 알지 못하고 또한 미실을 들어오게 하여 색공으로 모시게 하였다. 미실은 음사陰事를 잘하여 총애가 날로 중하여 황후궁 전주에 발탁되었다. 그 지위는 황후와 같았다. …… 대원신통大元神統이 다시 성하게 일어났다.
>
> 《화랑세기 (6세 세종 조)》

진흥왕, 미실에게 빠지다

미실은 진흥왕의 총애를 입게 되자 마치 고기가 큰물을 만난 듯

활개를 치기 시작했다. 미실은 미모만큼이나 문장에도 능하여 왕이 조정에 나가 업무를 볼 때에도 항상 왕의 곁에 머물면서 문서를 봐주고 참견하였으며 영향력을 행사하여 대원신통의 권세가 크게 일어났다.

"미실의 아들 하종을 나의 양자로 삼을 것이다."

왕은 미실이 왕을 받들기 전 세종전군과의 사이에서 낳은 아들 하종을 '전군'의 지위에 봉함으로써 미실을 기쁘게 하려고 했다. 전군은 왕후가 아니라 후궁이 낳은 왕의 아들이나 왕이 아닌 다른 남자와 합하여 왕후 신분의 여자가 낳은 아들을 말한다. 하종은 왕의 아들도 왕후의 아들도 아니고, 세종전군과 그 아내였던 미실의 아들이었으나 진흥대왕은 미실을 총애하여 하종을 자신의 양아들처럼 높이 세우고자 함이었다. 하종은 전군에 오르는 의식을 신궁에서 치르고 왕이 친히 베푸는 잔치를 받았다. 왕실의 모든 사람들이 이 자리에 왕과 미실을 축하하기 위해 모였는데, 동륜태자와 금륜왕자 그리고 다른 잉첩 사이에서 난 전군들도 함께 있었다. 왕은 취기가 오르자 자식들을 가까이 불러 앉히고 이렇게 말했다.

"미실은 나의 빈첩이니 너희에게는 마땅히 어머니다. 모두 어머니라 부르고 절을 올려 예를 갖추라!"

그 자리의 태자와 왕자, 전군들은 모두 생모가 달랐다. 하지만 모두 왕의 아들이었으므로 왕과 한 몸을 이루는 미실에게 어머니

안압지

경주에 있는 안압지는 신라시대 월지궁(月池宮)이 있었던 곳으로 추정된다. 미실이 동륜태자와의 사통이 들통날까봐 두려워 궁을 나갔을 때 머물렀다는 해궁이 안압지의 궁일 가능성이 있다.

의 예를 갖추라는 것이었다. 동륜태자와 금륜왕자가 맨 앞줄에 나와 한 배를 올렸다.

"사 배를 올려 예를 갖추라!"

왕이 말했다.

동륜은 고개를 숙이고 아무도 모르게 입술을 깨물었다. 아직도 동륜은 미실과 음사를 나눈 기억이 생생한데, 미실이 지금 아버지의 첩이 되었다고 해서 몸을 섞었던 여인에게 절을 올리자니 못할 노릇이었다. 이렇게 동륜이 머뭇거리자 미실이 재빨리 말했다.

"태자는 다른 왕자나 전군과는 지위가 다릅니다. 어찌 다른 이들과 같이 하겠습니까? 한 배로도 족합니다."

이에 왕이 허락하여 동륜은 한 배를 하고 물러나고 다른 이들은 사 배를 채우고 물러났다. 미실이 득의양양하여 왕의 품안에 엎드러지며 말했다.

"하루에 여러 귀한 자식들의 어미가 되었습니다."

왕이 미실의 어깨와 목을 어루만지며 응했다.

"그대는 짐과 한 몸이거늘 무엇인들 나누지 못하랴."

왕이 한껏 기분에 취해 모든 신하들에게 마음껏 즐기라고 명하고 성 내의 백성들에게도 음식을 나누어 주며 하룻밤 자유롭게 나와 놀기를 허락했다. 이에 젊은 화랑들과 처녀들이 거리로 쏟아져 나와 불을 밝히고 음악소리를 울리면서 서로 엉키어 즐겼다.

"저들도 자웅이고 우리도 서로 자웅이니, 서로 즐기고 기뻐함이 마땅하지 않은가."

왕이 취기가 한껏 올라 미실을 끌어안고 장막 안으로 들어가 버리자 태자는 한동안 멍하니 장막을 쳐다보며 서 있었다. 처음으로 여인을 누리는 기쁨에 눈뜨게 한 색신 미실을 아버지에게 빼앗기다니 너무나 허탈한 마음이었다. 하지만 상대가 대왕인지라 감히 내색조차 할 수 없었다. 태자는 씁쓸한 마음으로 의식을 행한 신궁 앞을 벗어나 월성으로 돌아가려다가 우연히 왕의 빈첩인 보명궁주와 마주쳤다. 보명궁주는 진흥왕의 어머니인 지소태후가 신하인 구진의 색공을 받아 태어난 여인으로, 진흥왕의 빈첩들 중 가장 나이가 어렸다. 그런데 그녀의 눈에 이슬이 맺혀 있었다. 이 기쁜 날에 우울한 사람이 나 말고 또 있던가? 동륜은 동병상련의 아련한 감정을 느꼈지만 일부러 시치미를 떼고 보명궁주에게 이렇게 물었다.

"궁주는 기쁜 날에 어인 일로 우는가?"

"왕께서 기뻐하시는데 소첩이 어찌 기쁘지 않겠습니까? 다만 왕을 바라만 보아야 하는 제 신세가 슬퍼서 울었습니다."

동륜은 차마 드러내 슬퍼하지도 못하고 속삭이듯 작은 목소리로 자신의 슬픔을 드러내는 보명궁주의 여린 모습을 보니 못내 안쓰러운 마음이 들었다. 외로운 사람이 외로운 사람을 알아보는 것이리라. 동륜은 지금 보명의 심정이 어쩌면 자기 마음과 같을지도 모른다고 생각했다. 대왕에게 색신 미실을 빼앗긴 자신의 슬픔이

나 대왕의 총애를 모두 미실에게 빼앗긴 보명의 슬픔이 다를 것이 무엇이란 말인가? 태자의 신분이 무슨 소용이란 말인가. 아직은 왕이 아니니 모든 것은 진흥대왕의 소유일 뿐이었다. 태자는 착잡한 심정으로 보명궁주를 빤히 내려다보았다. 보명은 민망하여 고개를 들지 못했다.

> 태자의 딸이 태어나자 왕은 알지 못하고 자신의 딸로 알고, 애송공주로 봉했다. …… (후에) 왕이 미실과 세종전군 사이에 태어난 아들 하종을 왕의 양자로 삼아 전군으로 봉하는 예를 …… 행하고 …… 잔치를 베풀어 …… 태자 이하 왕자, 전군에게 명하여 미실에게 절하고 어머니라 부르도록 했다. …… 왕이 몹시 취했고 미실도 역시 취하여 서로 이끌고 장막으로 들어가고 태자 이하가 만세를 외치고 물러갔다.
>
> 《화랑세기 (11세 하종 조)》

동륜태자, 왕의 여자를 탐하다

"궁주!"

그날 이후, 동륜은 보명궁주가 지나가는 곳마다 갑자기 나타나곤 했다. 어느새 동륜은 보명에 대한 연모의 정을 이기지 못하고 저녁 어스름만 깔리면 보명궁주 궁 주변을 배회하는 것이었다. 보명 역시 그런 동륜의 의중을 모르지 않았으나 왕을 모시는 궁주로서 감히 태자와 가까이 지낼 수는 없는 노릇이었다. 그날 밤도 보명은 문밖에서 느껴지는 인기척에 깜짝 놀라 문틈으로 밖을 내다보았다. 얼굴을 반쯤 가린 동륜이 문틈에다 입을 갖다 대고 살며시 궁주를 부르고 있었다. 야심한 시간이었지만 보명은 시녀들이 깰까 몹시 불안했다.

"아니, 어쩌자고 여기까지 납시었습니까!"

보명이 목소리를 한껏 낮추어 말했다.

"궁주, 방문 좀 열어 주게."

"돌아가십시오. 소첩은 태자마마와는 함께할 수 없는 몸이옵니다."

"아니, 어찌 나를 이리 박대한단 말인가!"

"제발 돌아가세요, 돌아가 주십시오."

보명은 두려움에 떨며 태자를 달래도 보고 야단도 치며 돌려보내려고 했다. 행여 이 일이 시녀에게라도 발각되어 왕에게 알려질까 몹시 불안했다. 잉첩이라고는 하나 보명은 아직 나이 어린 소녀에 불과했다. 왕의 눈에 띄어 잉첩이 되고 잉첩이 되어 얼마간의 사랑을 받았으나 더 이상 왕은 보명을 찾지 않았다. 혼자 보내는 궁 안의 밤이 외롭기도 했지만 왕의 여자로서 왕의 아들을 받아들일 수는 없는 일이었다.

"소녀 비록 왕에게 사랑을 받지 못하나, 어찌 태자마마를 받아들이겠습니까? 돌아가십시오."

보명은 공포와 불안에 떨며 문고리를 꼭 잡고 훌쩍였다. 동륜은 보명의 애처로운 모습에 연모의 정이 점점 더 깊어졌으나 완강한 보명 앞에 그냥 뒤돌아설 수밖에 없었다. 동륜이 돌아서서 그의 발자국 소리가 점점 멀어지자 그제야 보명은 안도하면서 부서질 정도로 꼭 잡고 있던 문고리를 놓고 바닥에 쓰러졌다. 도대체 어떻게 해야 할지 하루하루가 불안하기만 했다. 동륜은 아마 내일도 찾아올 것이었다. 내일 하루는 또 거절할 수 있겠지만 그 다음날도 그 다음날도 이렇게 계속 찾아온다면 동륜을 끝까지 거부할 수 있을지 보명 스스로 자신이 없어졌다.

보명궁주, 밤의 즐거움에 눈뜨다

하지만 그날 이후 며칠이 지나도록 동륜의 모습은 보이지 않았다. 동륜이 찾아오지 않자, 보명은 동륜이 이제 마음을 잡았나 싶어 다행스럽게 여겨지더니 이틀째가 되자 왜 오지 않는지 궁금해지기 시작했다. 셋째 날에는 혹시라도 동륜이 아프지는 않은가 염려가 되었다. 그러다 넷째 날은 동륜을 기다리고 있는 자기 자신을 발견하고는 화들짝 놀라고 말았다.

"태자마마를 마음에 두게 되다니 이를 어찌한단 말인가?"

다섯째 날이 지나고 여섯째 날이 되어도 동륜이 오질 않자 보명은 대낮부터 안절부절못하며 오직 동륜만을 애타게 기다렸다. 궁주라고는 하나 아직 한 번도 남자의 다정한 사랑을 받아 본 적이 없는 어린 소녀였다. 진흥왕을 모시기는 했지만 아직 음사에 대한 깨우침이 없어 그저 왕에게 순종만 했을 뿐, 왕을 즐겁게 할 줄도 스스로를 즐겁게 할 줄도 몰랐다. 그래도 왕에게 순정을 바쳤는데 왕이 자신을 노리개로만 생각하고 즐거움이 덜하다는 이유로 멀리하고 미실만을 총애하니 그저 야속하기만 할 뿐이었다.

일곱째 날 밤, 보명은 자리에 누워도 잠을 이룰 수가 없어 이리저리 뒤척이고 있었다. 마침 보름이라 달도 밝고 여름밤이라 덥기도 하여 보명은 앞섶을 느슨하게 하고는 마당으로 나왔다. 잠시 뜰을 거닐고 있는데 갑자기 뒤에서 인기척이 나더니 눈 깜짝할 사이에 누군가가 보명의 입을 거친 손으로 막고 또 다른 누군가의 억센 팔이 그녀의 두 팔을 붙들어 매었다. 벌렁거리는 가슴을 진정하고 겨우 눈을 뜨니 동륜과 그의 심복 수인이었다.

"소리를 지르지 않겠다고 약속하면 입을 막은 손을 떼겠다."

머리가 헝클어진 보명이 그러겠다는 뜻으로 두 눈을 깜빡거렸다. 동륜이 조심스럽게 손을 떼자 보명이 거친 숨을 내쉬고 두 눈 가득 눈물을 담아 말했다.

"태자마마께서 어찌하여 미천한 소녀를 이리도 괴롭힌단 말입니까?"

"나는 그대를 괴롭히려는 게 아니라 연모하여 이러는 것이니 너무 괴롭게 생각하지 마라. 그대를 향한 나의 그리움은 나날이 커지기만 하는데 그대가 나를 받아주지 않으니 애끓는 마음을 주체 못 하여 이러는 것이 아닌가?"

동륜이 이렇게 말하고는 수인에게 눈짓을 하자 수인은 보명을 달랑 들어 올려 방으로 들어갔다. 동륜도 재빨리 주변을 살피고 보명을 따라 들어갔다. 건장한 두 남자에게 둘러싸인 보명은 눈물을 뚝뚝 흘리며 온몸을 벌벌 떨었다. 동륜이 여린 보명의 모습이 애처로워 살며시 그녀의 볼을 두 손으로 감싸 안자, 보명이 저항하지 않고 동륜의 손에 얼굴을 맡겼다.

"무서워 마라, 그대를 고통스럽게 하고자 함이 아니니. 어쩌겠는가? 내가 원하는 대로 따르겠는가. 그리하면 내 그대를 귀히 여기고 보듬어 주리라."

동륜과 함께 온 수인은 문 앞에서 망을 보고 있었다. 설령 보명이 순순히 응하지 않는다 해도 오늘만큼은 양보하지 않고 수인과 함께 그녀를 제압해 버릴 것이 분명했다.

"네가 아바마마만을 기다린다고 한들 아바마마는 오시지 않을 것이다. 아바마마는 미실만을 찾는다는 것을 너도 알지 않느냐? 네가 어찌 음사에 능한 미실궁주와 왕의 총애를 다투겠느냐?"

그 말을 듣고 보명은 하는 수 없이 동륜을 받아들이겠다는 뜻으로 고개를 주억거렸다. 그러자 동륜이 반색하고 보명 가까이 다가서서 그녀의 등을 토닥거려 달래고는 자리에 눕혔다. 보명은 미실만큼 풍만하지는 않았으나 작은 새처럼 귀여운 여인이었다. 비록 남자의 오금을 저리게 할 만큼 강한 매력은 없었지만 남자 품에 살포시 안겨 마음을 푸근하게 해줄 줄 아는 여자였다. 동륜은 오래 기다린 순간이었지만 서두르지 않고 그녀를 진정시키며 조금씩 양기를 달궈 가기 시작했다. 권위적인 진흥왕과 달리 동륜은 부드럽고 따뜻한 남자였다. 처음으로 경험하는 남자의 부드러움에 보명이 조금씩 눈물을 거두고 마음을 열어 양물을 받아들이자 그녀의 잠자고 있던 음기가 기지개를 켜며 온몸으로 퍼져 나갔다.

잔인한 새벽이여, 임을 데려가지 않기를

새벽이 되고 날이 밝아 궁중의 모든 것들이 깨어나 움직이기 시작했으나 오직 보명만은 아직도 꿈속을 헤매는 듯 달뜬 몸을 가누지 못하고 있었다. 간밤의 일은 마치 꿈결 같기도 하고 아련한 추억 같기도 한 것이었다. 보명은 어젯밤의 일을 하루 종일 곱씹고 또 곱씹으며 어서 빨리 밤이 되기만을 고대하며 기다렸다. 처음 몸을 섞은 이후 동륜은 매일 밤 보명궁주의 궁에 드나들었고 수인은 동륜과 보명이 정을 통하는 동안 망을 보아 주었다. 그렇게 보명이 동륜을 받아들인 지 이레째가 되는 밤, 하루도 거르지 않고 보명을 찾던 동륜이 밤이 깊도록 오지 않고 있었다. 보명은 걱정이 되기도 하고 기다리는 마음도 간절하여 잠을 이루지 못하고 뜬 눈으로 그를 기다렸다.

탁!

적막만이 존재하는 깊은 궁중의 밤, 보명은 앉은 채로 깜빡 잠이 들었다가 둔탁한 소리를 듣고 잠에서 깨어났다.

"무슨 소리인가. 동륜태자님이 오신 것인가."

그녀가 정신을 차리는 사이 밖에서 개 짖는 소리가 들렸다.

컹컹컹!

어찌된 일인지 뒤뜰에서 기르는 큰 개가 목이 풀려 활개치고 있었다. 보명이 놀라 밖으로 나갔는데 담 아래쪽을 보니 담에서 떨어진 동륜이 개들에게 둘러싸여 있었다.

"아악, 마마!"

태자는 술에 취한 듯 수인도 거느리지 않고 혼자 담을 넘다가 그만 떨어져 몸을 다친 것 같았다. 게다가 미친 듯이 날뛰는 개들에게 물려 피를 흘리고 있었다.

"으으, 으음……."

"아니, 이게 무슨 날벼락이란 말인가."

보명이 소리를 지르자 개들은 주인을 알아보고 짖는 것을 멈추고, 보명이 태자를 끌고 방으로 들어왔으나 감히 누구에게 도움을 청할 수도 없었다. 왕을 배반한 대가로 천벌을 받는단 말인가?

그가 처음이었는데, 나를 단지 희롱한 것이 아니라 나를 진심으로 보듬어 주고 만져 주던 이가 바로 동륜이었는데, 어째서 행복은 이리도 짧고 꿈처럼 지나가 버린단 말인가? 짧은 환희의 대가가 이리도 크단 말인가? 보명은 물에 적신 천으로 동륜의 상처를 닦아내며 하염없이 눈물을 흘렸다. 동륜은 이미 천명을 다한 듯 파리하고 기진맥진해 있었다.

"마마, 태자마마, 흐흐흑!"

보명이 방바닥에 엎드려 서럽게 흐느끼고 동륜은 그 옆에서 힘없이 꿈틀대다가 동틀 무렵 마침내 숨을 거두었다. 572년 3월이었다.

당시 보명궁주가 태자의 연모를 받았으나, 몸을 허락하려 하지 않았다. 태자는 이에 장사 수인과 더불어 궁의 담장을 넘어 들어갔다. 궁주가 미실과 더불어 왕의 총애를 다툴 수 없음을 알고 감히 태자를 힘써 거부하지 않아 일이 성사되었다. 그 이후 태자가 매일 밤마다 넘어 들어왔다. 이레째 밤에 태자가 아무도 거느리지 않고 혼자 들어가다가 큰 개에게 물렸다. 궁주가 안고 들어갔는데, 동틀 무렵 죽었다.

《화랑세기 (11세 하종 조)》

돌고 도는 인연의 고리 속에서

"개에 물려 죽다니. 누가 개를 풀었느냐!"

사도는 아들의 불명예스러운 죽음이 알려지기를 원치 않았기에 보명을 책망하지는 않았다. 하지만 누가 개를 풀어 놓아 동륜을 죽음에 이르게 했는지 의구심만은 버리지 않았다. 동륜이 죽어 유익을 얻게 되는 사람은 바로 시어머니인 지소태후였다. 지소태후는 딸 숙명왕후가 남기고 떠난 아들 정숙을 다시 태자로 삼기를 원했으니 말이다. 정숙은 태자의 신분이었으나 숙명왕후가 이화랑과 도망가는 바람이 태자의 지위를 박탈당했다. 그러나 동륜이 죽었다고 해서 진흥대왕이 다시 정숙을 태자로 책봉하지는 않았다. 사도가 버티고 있었기 때문이다. 진흥대왕은 사도의 아들이자 죽은 동륜의 동생인 금륜을 주목했다.

"금륜을 태자로 책봉하노라!"

마침내 왕이 다시 명을 내렸다. 급박한 왕실의 정세와는 무관하게 보명은 동륜을 잃은 충격에 빠져 한동안 비탄에 잠긴 세월을 보내었다. 진흥대왕은 갈수록 나랏일은 멀리한 채 여러 여인들을 불러들였다. 보명 역시 다시 부름을 받았다.

"궁주님, 먼저 몸을 씻기겠습니다."

시녀들이 보명의 옷을 벗기고 물을 부었다. 물에서 향기로운 꽃향내가 피어올랐지만 정작 왕을 모실 보명의 몸은 생기를 잃은 꽃처럼 파리하기만 했다. 사랑하던 임이 떠나 버린 마당에 젊은 몸뚱이는 부담스러운 짐에 불과했다. 치장을 끝내고 보명은 왕의 침소로 향했다. 문이 열리자 향료 냄새가 그득한 가운데 왕이 누워 있었다. 그리고 왕의 옆에는 미실이 속이 훤히 들여다보이는 옷을 입고 기대 앉아 있었고, 주변에는 또 다른 여인들이 왕을 어루만지며 시중을 들고 있었다. 보명은 왕에게 절을 올리고 다른 여인들과 함께 왕의 시중을 들기 시작했다.

아들이 미실을 취하고 아들이 취한 미실을 다시 아버지가 취했고 또, 아버지가 취한 보명을 다시 아들이 취하고, 아들이 취하다 죽은 여인을 다시 아버지가 불러들이니 돌고 도는 색의 고리가 그저 놀랍기만 하다. 보명은 몸과 마음을 함께 바친 첫사랑을 잃어버리고 몸뚱이만 남아서 왕의 양기를 보하는 음의 꽃으로 다시 피어나야 했다. 어디서 사랑을 찾을 것인가? 보명의 눈에 뜨거운 눈물이 차올랐다. 눈앞에는 서로 엉겨 붙어 가쁜 숨을 몰아쉬고 있는 왕과 미실이 있을 뿐이었다. 결국 한 줄기 눈물방울이 보명의 눈에서 또르르 흘러 내렸다. 욕망은 시퍼렇게 살아 눈앞에서 넘실대는데 사랑은 이제 가고 없었다.

궁주들, 열세 살 어린 소년에게 음사陰事를 가르치다

소년 진평왕의 성교육을 담당한 '미실'과 '보명'

"때가 되면 생명을 키워 신록으로 가득해지는 초목들처럼 나 또한 자연의 일부이니, 여인을 그리워하는 기운이 약동함을 주체할 길이 없소. 한 번 사랑하고 두 번 사랑해 보고는, 새로운 세상을 엿본 듯 들뜨고, 궁주들을 가까이 둔 전왕前王들의 마음을 헤아릴 만하오. 제왕의 힘이 양에서 나오니 어찌 음으로 양을 보하지 않을 수 있겠소!"

또 다시 시작되는 여자들의 음모

"하하하."

"호호호."

진흥대왕의 침실에는 연일 교태를 부리는 궁주들과 이런 궁주들에게 몸을 맡긴 왕의 웃음소리가 끊이지 않았다. 말년에 풍질에 걸린 진흥왕은 정사는 돌보지 않고 궁주들과 누리는 즐거움만을 탐닉했다. 진흥왕이 일찌감치 풍질에 걸려 맥을 못 추게 되자 진흥왕의 부인인 사도왕후는 미실과 함께 마음대로 정사를 주물렀다.

운명을 함께하기로 일찍이 사도와 약속한 미실은 진흥왕이 몸이 불편했기 때문에 사도왕후가 외로워하는 것을 알고 미실 자신의 남편인 세종에게 청했다.

"왕후께서 대왕의 병환으로 몸과 마음이 황폐해지고 외로워하니 왕후의 은혜를 입은 우리 부처가 어떻게 모른 척할 수 있단 말입니까. 전군이 왕후를 색으로 위로해 줌이 옳을 것입니다."

미실에게 정절을 다하는 세종은 힘써 거절했으나 미실의 청이 완강하여 어쩔 수 없이 왕후와 통했다. 사도왕후가 기뻐하였다.

이렇듯 온갖 권세를 휘두르는 미실에게도 고민이 있었다.

"왕이 풍질에 걸려 기력이 예전 같지 않으니 이대로 갑자기 돌아가기라도 한다면 무엇으로 지금의 권세를 이어갈 것인가?"

미실은 마음이 급해졌다. 진흥왕이 살아 있을 때, 금륜이 왕위에 오르기 전에 미리 금륜과 결속을 다져야 했다. 결속으로만 만족할 것인가. 언제까지 왕의 첩에 머물러 있을 것인가. 미실은 왕후가 되고 싶었다. 치마폭에서 여러 왕들을 좌지우지하는 그녀로서는 그녀야말로 왕후의 자격이 있는 주인공이었다.

사도 또한 마음이 급해졌다. 지금은 풍질에 걸려 허수아비 왕이 되어버린 진흥왕을 대신하여 정사를 주무르고 있지만 금륜태자가 왕이 되면 사정은 달랐다. 금륜은 더 이상 어린 아들이 아니었기에 몸을 제대로 움직이지 못하는 진흥왕과 달리 제 목소리를 낼 터이고, 또한 금륜에게는 '지도'라는 젊은 부인이 있었으니 미실의 색공만으로 금륜을 휘어잡을 수는 없는 노릇이었다. 이윽고 사도와 미실은 계략을 꾸미기 시작했다.

"왕후 자리를 차지해야 한다. 미실, 네가 금륜을 가까이 하여 그의 마음을 얻고 왕후로 삼아 준다는 약속을 받아 내거라. 네가 만약 왕후가 된다면 우리는 지금의 권세를 그대로 이어갈 수 있으리라."

이렇게 진흥왕은 궁주들과 함께 온갖 향락에 빠져 지내다가 576년, 결국 세상을 떠나고 말았다. 사도와 미실은 왕의 죽음을 알리지 않고 미실의 남편 세종, 미실의 동생 미생과 계략을 꾸며 금륜태자를 유혹해 금륜에게 왕후의 자리를 약속하게 하고 그를 왕위에 올렸다. 그가 바로 '진지왕'이다.

> 제는 풍질로 내외의 정사를 보지 못하고 오직 사도, 미실, 보명, 옥리, 월화 다섯 궁주와 더불어 즐거움에 탐닉했다. 정사는 모두 사도와 미실로부터 나왔다. …… 진흥제가 죽자 사도, 미실, 세종(미실의 남편), 미생(미실의 남동생)은 비밀로 했다. (금륜)태자가 알지 못했다. 사도가 먼저 미실로 하여금 태자와 통하게 하고 다른 마음을 가지지 않기로 약속하고 태자를 왕위에 오르게 했다.
>
> 《화랑세기 (11세 하종 조)》

미실, 진지왕을 폐위시키고 새 왕을 옹립하다

"금륜, 네가 나와의 약속을 저버리겠단 말인가!"

미실을 왕후로 책봉해 주겠다는 약속을 하고 왕위에 오른 금륜은 왕이 된 이후 미실과의 약속을 지키지 않고 미실을 총애하지 않았다. 미실과 사도는 일이 뜻대로 되지 않자 마침내 진지왕을 폐위시킬 계략을 꾸몄다. 마침 진지왕은 여색을 탐하여 민가의 아름다운 여인 '도화녀'를 궁으로 불러들이고자 했다.

"나는 두 남편을 섬기지 않을 것입니다. 아무리 제왕이라 하더라도 여자의 정조를 함부로 꺾을 수는 없습니다!"

도화녀의 당돌한 말에 진지왕이 희롱하듯 물었다.

"만약 내게 순종하지 않으면 내 너를 죽일 것이다. 어찌 하겠느냐?"

"여기서 죽는 한이 있어도 다른 마음을 갖지 않을 것입니다."

"그러면 만약 네 남편이 없다면 어쩌겠느냐?"

"만약 남편이 없이 홀로 된다면 그때는 대왕의 뜻에 따르겠습니다."

이에 왕은 껄껄 웃으며 도화녀를 풀어 주었다. 그러나 이 일은 사도와 미실에게 빌미를 제공하여 진지왕이 지나치게 색을 탐하여 색신들의 색공에 만족하지 않고 민가의 여인까지 함부로 범하려 한다는 이야기가 공론화되었다. 미실과 사도는 결국 왕이 지나치게 문란하여 왕실의 위엄을 땅에 떨어뜨렸다는 명분으로 낭도들을 일으켜 진지왕을 폐위시켜 버렸다.

"미실! 나를 풀어라! 태후여, 나를 풀어 주어라. 내가 왕이다, 내가 왕이란 말이다!"

진지왕의 고함 소리가 월성의 한쪽 귀퉁이에서 터져 나왔다. 사도, 미실 등과 손을 잡은 낭도와 화랑들은 월성의 관군을 제압하고 진지왕을 유궁에 가둬 버렸다. 유궁은 월성 끝에 있었는데 밤이 깊으면 유궁에서 진지왕의 통곡 소리가 새어나와 바람에 섞여 월성 여기저기를 떠돌아 다녔다. 이때 진지왕에게는 '용수, 용춘'이라는 두 아들이 있었다. 아직 어린 두 왕자는 아버지가 유궁에 갇히자 날마다 유궁으로 찾아가 문 밖에서 슬피 울며 아버지를 찾았다.

"아바마마, 아바마마!"

"누가 아바마마냐? 이제 진지왕은 폐위되었으니 더 이상 왕이 아니고, 너희도 이제 왕자가 아니니라!"

사도는 용수, 용춘 형제로부터 왕자의 호칭을 뺏고 전군이라 부르게 했다. 진지왕을 폐위시킨 사도는 자신의 손자이자 죽은 동륜태자의 어린 아들 백정을 새 왕 진평대왕선덕여왕의 아버지으로 즉위시켰다. 열세 살의 어린 왕은 사도와 미실에게는 너무나 쉬운 허수아비 왕이었다. 유순하고 어질기만 한 어린 소년 왕은 어른들의 말에 순종할 줄을 알아 두루 사랑을 받았다.

금륜태자가 왕위에 올라 미실을 …… 왕후로 봉하지 못했다.

또한 다른 사람에게 빠져 미실을 심히 총애하지 않았다. 미실은 노하여 마침내 사도태후와 함께 낭도를 일으켜 (진지왕을) 폐위하고 (일찍 죽은) 동륜태자의 아들인 백정공을 즉위시키니, 이가 곧 진평대제(선덕여왕의 아버지)이다.

《화랑세기 (6세 세종 조)》

누가 어린 새 왕을 모실 것인가

"지도는 새 왕을 섬기라!"

지도는 폐위된 진지왕의 부인이었다. 남편인 진지왕이 폐위되고 조카인 진평왕이 즉위한 데다가 아들들인 용수와 용춘은 하루아침에 왕자의 신분에서 전군의 신분으로 전락하니 지도의 입지는 심하게 흔들렸다. 어린 왕을 즉위시키고 허수아비로 만든 후 권력을 또다시 잡은 사도는 지도로 하여금 새 왕을 모시게 했다. 진지왕인 금륜이 진평왕에게는 작은아버지였으므로 지도는 진평왕의 작은어머니가 되는 셈이었다. 작은어머니가 어린 조카에게 색공을 하게 된 것이다. 하지만 아무리 왕후였다 할지라도 왕을 섬기는 도는 색공에 있었으므로 지도는 사도의 명에 순종해야 했다. 그리고 그 덕분에 진지왕의 남겨진 아들인 용수와 용춘은 비록 왕자의 신분을 박탈당했지만 전군으로 남아 궁궐에서 자랄 수 있었다.

"왕께서 아직 어리시니 색도色道를 어찌 스스로 알겠는가. 미실궁주와 보명궁주가 친히 왕에게 색사의 도를 가르쳐 왕의 양이 제 성정을 누리도록 하라."

지도로 하여금 왕에게 색공을 하라고 명한 사도는 한편으로 미실과 보명을 불러 이런 명을 내렸다. 이에 미실은 비록 자신이 사도와 함께 정사를 주무름이 많았으나 신분상으로는 보명보다 지위가 낮아 보명에게 순서를 양보하고자 했다. 보명은 진흥왕의 어머니였던 지소태후의 딸이었기 때문이다.

"저는 보명보다 골이 낮으니 보명이 먼저 왕을 받드는 게 옳을 듯합니다."

그러나 보명은 그럴 형편이 되지 못하였다. 당시 보명의 몸에는 진지왕이 폐위되기 전 색공을 하여 잉태된 진지왕의 아이가 자라고 있었기 때문이다.

"태후마마, 색공지신으로서 마땅히 왕을 받드는 것이 옳으나 제가 임신 중이라 자유롭지 못하니 미실궁주에게 먼저 왕을 받들도록 함이 어떠하십니까?"

이렇게 하여 미실은 사도의 명으로 진평왕에게 최초로 색공을 하기로 하고 좋은 날을 받아 왕의 침소에 들었다. 나이가 어린 진평왕은 약간 긴장을 하며 미실을 기다리고 있었다. 미실이 누구인가? 미실은 진평왕에게 그의 할아버지진흥왕를 모셨던 여인이자 작은아버지진지왕를 모셨던 여인, 그리고 자신의 아버지동륜태자를 모셨던 여인이었다. 세월이 많이 흘러 이미 미실은 진평왕에게는 어머니와도 같은 연배였지만, 세종전군부터 시작하여 동륜태자, 진흥왕, 진지왕에게까지 색공을 한 색신 미실을 마주하자 어린 왕은 볼부터 벌겋게 달아올랐다.

"무릇 양기를 잘 다스려야 몸과 마음이 바로 서고, 몸과 마음이 바로 서야 비로소 나라를 바로 세울 수 있는 법입니다. 제왕의 힘이 양기陽氣에서 나오니 어찌 음을 통해 양을 더욱 보하지 않을 수 있겠습니까? 색공은 천한 것이 아니라 도로써 행하며 왕의 몸과 마음을 어루만지기 위한 것입니다. 색사를 제대로 배워 양을 바르게 다스리고, 바로 선 몸과 마음으로 나라를 바르게 다스리소서."

미실은 왕에게 절을 한 번 올리고 일어나 왕의 바로 눈앞에서 하나씩 옷을 벗기 시작하자 풍만한 가슴골이 선명하게 드러났다. 성숙한 여인의 몸을 한 번도 제대로 보지 못한 진평왕은 미실에게서 눈을 떼지 못했다.

"양을 다스림은 먼저 여인의 몸을 아는 데서 비롯되니, 왕은 눈으로 보고 익혀 먼저 여인의 몸에 거스름이 없어야 합니다."

미실은 왕의 손을 잡아끌어 직접 몸을 만져 보고 익히게 했다. 왕은 얼굴이 벌겋게 달아올랐으나 점차 미실이 이끄는 대로 감각을 익히고 마음을 다스리면서 여체를 알아 나갔다. 혈기를 아직 제대로 다스리지 못하는 왕은 미실의 이끄는 대로 맡기다가 마침내 성급히 몸을 섞고 방사해 버리고 말았다. 미실은 그런 왕을 마치 아들을 품듯 가슴에 품고 머리를 쓰다듬어 주었다. 제왕의 신분이든 지체가 낮은 자이든, 어린 남자든 나이가 많은 남자든, 여인의 품에서는 모두가 아이처럼 조르고 잘난 체를 하다가 이내 순한 양처럼 잦아들고 마는 것이 바로 남자이다. 대토를 정복한 진흥왕도 그러하였고 동륜태자도 그러하였으며 진지왕도 그러하였다. 그들은 때론 귀여운 짐승새끼처럼 여인의 손길에 길들어지다가 마음껏 양기를 내뿜은 후 다시 힘을 얻어 세상으로 나가곤 했다.

미실은 소년 왕을 젖무덤에 안고 가만히 눈을 감았다. 세월이 가고 있었다. 이제 더 이상 그녀도 젊지만은 않았다. 왕은 미실을 한 번 사랑하고 두 번 사랑하고, 또 다음날도 사랑하면서 서서히 양기를 다스리는 법을 깨쳐 나갔다.

진평제가 즉위했을 때 나이가 열세 살이었는데 기골이 장대하고 힘이 넘쳤다. 사도태후가 보명과 미실에게 명하여 (진평)제를 이끌어 관계하도록 했다. 미실은 위가 낮고 골이 천하여 보명에게 먼저 관계하는 것을 양보하였다. 보명은 그때 아이를 가진 지 3개월이었기에 굳이 사양하였다. 이에 미실이 먼저 사랑을 받았다.

《화랑세기 (22세 양도 조)》

성에 눈뜬 진평대왕, 보명궁주를 먼저 찾아오다

갑작스런 왕의 행차에 시종들의 발길이 부산하게 움직였다. 아이를 가지고 입에 곡기를 대기만 해도 토해 버리는 바람에 그날도 지쳐 나른하게 누워있는 보명에게 시종이 갑자기 왕의 행차 소식을 전한 것이다. 보명은 급히 일어나 시녀들로 하여금 궁을 정돈케 한 후 옷매무새를 정돈하고 부랴부랴 마당으로 나왔다. 마침 왕이 막 보명궁을 들어서고 있었다.

"대왕께서 어인 일로 여기까지 행차하셨습니까?"

보명이 고개를 숙여 어린 왕에게 절을 하고 인사를 받은 왕이 얼굴을 붉히며 말했다.

"내 오늘은 궁주를 만나고 싶어 이렇게 왔소."

보명은 왕의 말뜻을 바로 알아듣지 못하여 슬쩍 고개를 들어 왕의 안색을 살폈다. 왕은 부끄러워하면서도 위엄을 잃지 않으려 애쓰는 기색이 역력했다.

"친히 찾아 주시니 영광입니다. 안으로 드십시오."

왕은 시종들을 나가라 하고 보명과 둘이 마주 앉았다. 해가 중천인데다가 속이 좋지 않아 하루 종일 아무것도 먹지 못한 보명은 속이 메스꺼웠다. 하지만 감히 왕 앞에서 자신의 불편한 속을 드러낼 수 없어서 억지로 참으며 식은땀을 흘렸다. 왕은 보명을 바로 보지 못하고 어색한 듯 한참을 말이 없더니 마침내 힘들게 입을 떼었다.

"아직 대, 대낮이긴 하지만 궁주와 하, 합궁을 하고 싶소."

"아뢰옵기 황송하오나, 수태를 한 몸이라 감히 받들기가 두렵습니다."

왕은 비록 나이는 어리지만 기골이 장대하여 얼핏 보기에는 우람한 장수와 같은 면이 있었다. 그러나 심성이 매우 여리고 유순하여 어린 소년의 순진함을 아직 그대로 지니고 있었다. 마음보다 몸이 먼저 자라 버려 스스로 뿜어내는 양기를 감당치 못하고 보명궁주를 찾아온 것이었다.

"때가 되면 생명을 키워 신록으로 가득해지는 초목들처럼 나 또한 자연의 일부이니, 여인을 알고 싶어 약동하는 기운을 나도 주체할 길이 없소. 한 번 사랑하고 두 번 사랑해 본 후로는 새로운 세상을 엿본 듯 들뜨기만 하고, 궁주들을 총애하고 곁에 두셨던 전왕들의 마음을 헤아릴 만하오. 제왕의 힘이 양에서 나오니 어찌 음으로 양을 보하지 않을 수 있겠소!"

햇빛이 가득 쏟아졌다. 오늘 따라 허공 중의 작은 먼지까지 보일 정도로 방 안 가득 햇빛이 쏟아지고 있었다. 이런 가운데 왕은 커다란 가슴을 떡 벌리고 마치 어린아이가 젖 달라고 보채는 것처럼 궁주에게 합궁을 조르고 있었다. 보명은 다소곳이 숙이고 있던 고개를 들어 왕의 얼굴을 바라보았다. 눈두덩에 살이 많고 볼이 둥그스름한 그 모습이 마치 옛날 그 누군가와 닮아 있었다. 아주 오랫동안 가슴속에 묻어둘 수밖에 없었던 사람, 운명의 장난으로 사랑한 지 이레 만에 떠나 보내야만 했던 사람, 동륜! 그랬다. 진평왕은 동륜이 남겨 놓고 간 동륜의 분신이었다. 동륜이 간 후 보명은 진흥왕과 진지왕을 차례로 모셨지만 그녀가 그리워하는 사람은 언제나 동륜뿐이었다. 마땅히 받기만을 즐기는 다른 왕들과는 달리 동륜은 보명의 몸 구석구석을 살뜰히도 보듬어 준 남자였다.

"여인이 그리우신 겁니까? 음을 그리워함은 양의 마땅한 기운이지요. 이쪽에 누우십시오."

"……."

보명은 왕에게 다가가 가느다란 손으로 왕의 장대한 어깨를 받쳐 자리에 뉘였다. 왕은 얼떨떨한 표정으로 그녀에게 몸을 맡겼다. 겹겹이 쌓인 왕의 용포 자락조차 그녀에게는 사랑스럽기만 했다. 입덧으로 힘든 몸은 어느새 잊고 있었다. 세월을 거슬러 다시 한 번 그와 만날 수만 있다면. 다시 한 번 그를 만나 그의 입술에 나의 입술을 올리고 그의 손길에 나를 맡길 수만 있다면 그 무엇이 두려우리. 보명이 왕의 옷을 하나씩 벗기면서 동륜과의 추억에 조금씩 빠져들었다. 동륜이 보명궁을 덮쳐 처음 몸을 섞을 때 살뜰히도 어루만져 주던 따뜻한 손길이 아직도 생생했다. 죽었던 동륜이 살아 돌아오기라도 한 양 보명은 진평대왕을 어루만지며 동륜을 느꼈다. 개에 물린 핏자국도, 깊은 상처들도, 고통에 일그러진 마지막 신음소리도 모두 지워 버리고 불행이 그들을 덮치기 전, 담을 넘어 보명을 찾아온 혈기 왕성한 동륜과의 첫날밤으로 보명은 돌아갔다.

그날 밤 동륜이 나를 어루만져 준 것처럼 내가 이제는 이 사람을 어루만져 주리라. 왜 지금에서야 내게 다시 돌아왔는지 묻지 않으리. 컴컴한 땅 속에서 오랜 시간 동안 얼마나 외롭고 고통스러웠겠는가? 이제 나는 이 사람과 사랑하고, 사랑하여, 사랑하는 시간들로만 가득 채우리.

"아아!"

어린 왕이 방사를 하고 신음하자 보명은 왕의 위에 올라탄 채로 그의 가슴에 자신의 몸을 가만히 포개었다. 아직 급하게 뛰고 있는 왕의 가슴을 어루만지며 보명 또한 그의 위에서 가쁜 숨을 진정시켰다. 그대 동륜이여, 기억하는가? 우리가 함께 했던 그 이레의 밤을. 보명의 눈시울이 갑자기 뜨거워지더니 눈물방울 하나가 왕의 가슴 위로 떨어졌다.

"궁주, 어찌하여 우는가?"

"대왕이 저에게 너무나 향기로워 웁니다."

"그대야말로 정녕 향기로운 여인이다."

보명이 어린 왕에게 입을 맞추었다. 마치 어린 진평왕의 몸에 죽은 동륜의 혼이 접신接神이라도 된 듯 보명에게는 어린 왕과 함께 한 시간이 황홀하게만 느껴졌다. 동륜과의 황홀한 재회는 그렇게 시작되고 있었다.

보명은 아름답고 부드러워 향기가 있었다. …… 세 명의 제(진흥, 진지, 진평)를 섬겼으나 총애가 쇠하지 않았다. (미실과 먼저 사랑을 한 진평) 제는 양기가 통하게 되자 스스로 보명궁에 이르러 관계할 것을 구하였다. 보명이 감히 어길 수가 없어 사랑을 받았다.

《화랑세기 (22세 양도 조)》

보명궁주, 미실의 명성을 누르다

보명의 배가 점점 불러오자 왕은 그녀가 해산을 하기만을 기다렸다. 열 달이 지나 보명이 진지왕의 딸 석명공주를 낳고 보명의 몸이 자유로워지자 진평왕은 거의 날마다 보명을 찾아왔다. 미실이 진평에게 양의 도를 깨치게 하고 어머니와 같은 편안함을 주었다면, 보명은 진평에게 왕으로서의 위엄과 자신감을 살려 주었다. 미실이 눈부시고 불꽃같이 뜨거운 여자라면 보명은 어디선가 새어 나오는 작은 불빛처럼 정겹고 따뜻한 여자였다. 침실에서 미실은 제왕과도 같이 위대했고 보명은 왕의 위로가 필요한 여린 새처럼 애처로웠다. 왕은 미실에게서 양기를 다스려 스스로를 만족케 하는 방법을 배웠고, 그 배운 것으로 보명과 합하여 참다운 양기를 완성하고 여자를 색으로 행복하게 하는 진정한 남자로 성장해 나갔다.

이제껏 동륜을 잊지 못하던 보명은 진평을 마치 동륜이 살아 돌아오기라도 한 양 애틋한 마음으로 대했고, 이런 사연을 알 리 없는 진평에게는 보명의 애절함이 더할 수 없는 매력으로 느껴졌다. 소년 진평은 즉위 후 미실, 보명으로부터 양기를 다스리는 법을 배우며 그녀들을 좌우의 빈첩으로 삼았으나 시간이 갈수록 보명궁주를 더욱 총애하게 되었다.

"궁주에게 내 무엇을 해주면 좋겠소?"

왕은 종종 이렇게 보명에게 묻곤 하였으나 보명은 그때마다 잔잔히 웃으며 대답했다.

"왕께서 함께 해주시는 것만으로도 큰 행복인데 무엇을 더 바라겠습니까?"

보명은 진평을 통해 동륜을 느낄 수 있는 것만으로도 무척 행복하였다. 보명이 겸양하면 할수록 왕은 더욱 그녀를 사랑하게 되었고 하루도 거르지 않고 보명궁을 찾았다. 시간이 흘러 어느새 보명은 진평의 딸 '양명'을 낳았다.

"양명공주는 어머니를 많이 닮았구나, 하하."

보명을 총애한 진평은 보명을 쏙 빼닮은 양명공주를 몹시 아끼고 사랑하여 한시도 따로 두지 않고 곁에 머물게 했다.

보명은 총애를 한 몸에 받아 (진평왕의 딸) 양명을 낳았다. 양명은 보명을 많이 닮았다. 그러므로 (진평)왕이 매우 사랑하여, 늘 (왕의) 곁에 있었다.

《화랑세기 (22세 양도 조)》

궁중 여인들의 이야기는 모두가 침실의 일인 양 보이지만 사실은 그렇지 않다. 진평왕이 즉위한 당시에는 궁중에 사도, 만호, 지도 등 세 명의 태후가 있어 행정을 하였고, (진평)대왕은 어질고 효성스러워 어른들의 명을 잘 받들어 따랐다. 그러므로 낭도 중 승진하기를 좋아하는 자들은 태후궁에 많이 붙었다. 태상태후인 사도법주는 미실궁주를 오른팔로 삼아 미실의 지위는 왕후와도 같았다. 그러므로 정령政令이 미실궁에서 많이 나왔고 미실은 권력의 핵심에 있었다.

거슬러 올라가면 진흥왕이 일곱 살 어린 나이로 왕위에 오르자 지소태후가 섭정을 한 바 있다. 또 진흥왕이 말년에 풍질에 걸리자 이번에는 진흥왕의 부인인 사도왕후와 미실궁주가 연합하여 권력을 장악했다. 특히 진흥왕이 죽자 비밀에 부치고 진지왕을 왕위에 올린 후 왕을 허수아비로 삼아 사도와 미실이 진지왕을 직접 통제하고 반론들을 제압하였다. 《화랑세기》 하종 조에는 "사도가 몸소 제위에 있으면서 신왕 즉 진지왕을 통제했다"고 기록되어 있다. 또한 측근인 "황종공을 상대등최고위직으로 삼아 중망을 눌렀다."고 한다. 자신의 측근에게 높은 벼슬을 주어 반대 여론이나 반대 움직임을 사전에 미리 막은 것이다.

사도와 미실은 진지왕을 즉위시킨 것만으로 끝나지 않았다. 진지왕을 통제하며 왕 위의 왕 노릇을 하던 사도에게는 항상 미실이 함께했고 진지왕의 처사가 자신들의 뜻에 맞지 않자 낭도를 일으켜 군사적인 힘으로 진지왕을 폐위시키고 이번에는 열세 살 어린 진평왕을 즉위시켰다. 직접 정치를 하는 것도 모자라 왕을 갈아 치울 정도로 당시 여인들의 권세는 대단한 것이었으며 왕의 총애를 통해 단순히 부귀영화를 누리는 차원을 넘어 직접적으로 권력을 장악해 나갔다.

열세 살 어린 진평왕이 왕위에 오를 당시에도 궁중에는 진평왕의 할머니인 사도태후, 진평왕의 생모인 만호태후, 폐위된 진지왕의 부인이자 작은어머니인 지도태후가 있었다. 진평왕 즉위 후 이 세 태후는 때로는 연합하고 때로는 힘을 겨루면서 한동안 왕 대신 영향력을 행사했다. 특히 사도태후가 친정을 하였고 미실궁주는 사도와 연합하고 있으면서 문서를 관장할 정도로 정치에 참여했다. 한민족 역사상 신라에서만 유일하게 여왕을 세 번이나 배출할 수 있었던 것은 이처럼 여인들의 정치 참여 예행연습이 일찍부터 이뤄진 영향이라고도 할 수 있겠다.

제2부

신라를 뒤흔든 꽃미남들의 스캔들

화랑들, 남과 여의 경계를 허물다

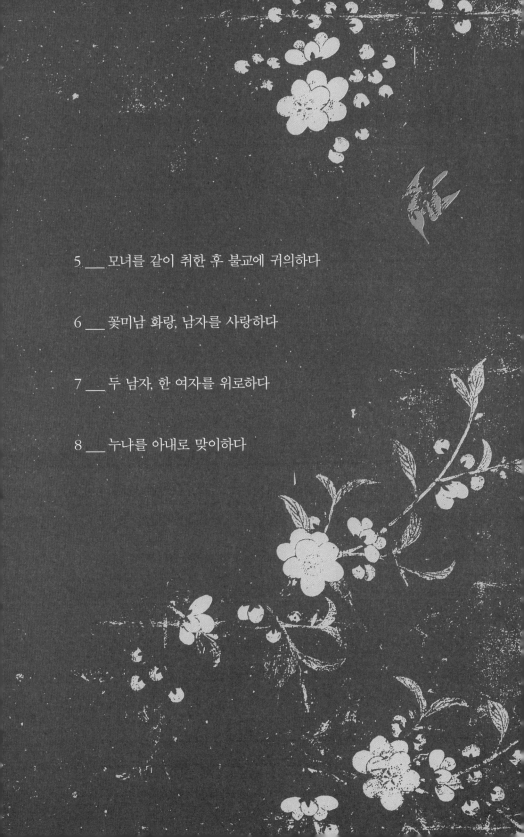

모녀를 같이 취한 후 불교에 귀의하다

화려한 방탕을 끝내고 미실과 함께 죽은 '설원랑'

"부끄러움 때문에 바보같이 머뭇거리겠는가. 신국 최고의 절세 미녀와 절세 귀공자이니 남매면 어떻고 형제면 어떻겠는가. 우리 모두가 암컷이 아니면 수컷일 뿐이거늘. 대왕도 사내이고 우리도 사내인데 어찌 대왕만이 양의 즐거움을 모두 누리겠는가. 우리도 아름다운 궁주와 함께 왕께서 맛본 열락의 세계에 한 번 들어보자."

거사를 앞두고

"설원랑은 풍월주의 자리를 문노에게 양위하라!"

진평왕이 즉위하기 전 진지왕 때였다. 진지왕의 배신으로 미실은 사도와 연합하여 진지왕을 폐위시키기로 작정하고 남편 세종전군과 더불어 낭도들을 일으키고자 했다. 그런데 문노를 따르는 이들은 미실과는 다소 거리가 있어 거사에 복종치 않을 것이 우려되었다. 때문에 미실은 설원랑에게 화랑 최고의 우두머리인 풍월주 자리를 문노에게 양위하도록 명했다.

설원랑이 미실을 바라보았다. 얼마 전 미실은 설원랑에게 문노를 화랑들에게 도를 가르치는 선도仙道의 스승으로 섬기라고 명한 바 있었다. 설원랑은 미실이 문노를 자기 편으로 끌어들이려는 속셈인 것을 알기에, 미실의 명에 순종하여 문노를 스승으로 받들어 높였다. 그런데 이번에는 풍월주의 자리까지 양보하라니, 설원랑은 내심 서운한 마음이 들었다. 이때 미실이 말했다.

"그대는 이미 나의 사람이니, 나의 것이 그대의 것이 되고 나의 영화가 그대의 영화가 되지 않겠는가? 그러나 문노는 아직 나의 사람이 아니니 그를 끌어들이지 못한다면 거사에 걸림돌이 될 것이다."

"알겠습니다."

설원랑은 서운한 마음이 다 가신 것은 아니었으나 미실의 뜻에 따라 결국 양위를 하기로 결심했다. 얼마 후 화랑의 법에 따라 풍월주 양위식이 열렸다. 미실과 선대 풍월주를 지낸 세종전군이 수레를 타고 당도하여 미실과 나란히 식장의 자리에 앉자 풍월주를 물려줄 설원랑이 먼저 옷을 갖추어 입고 인부印符와 검장劒仗을 들고 세종과 미실 앞으로 걸어 나왔다. 뒷줄에 문노가 무릎을 꿇고 앉아 있었다.

"인부와 검장을 바칩니다!"

설원랑이 인부와 검장을 높이 들며 크게 외친 뒤 미실과 세종에게 함께 바치고 미실에게 먼저 절을 하고 세종에게 다음으로 절한 후 뒤로 한 걸음 물러섰다. 세종이 미실에게 물었다.

"문노는 화랑에게 선도를 가르치는 스승이지만 계통으로는 설원랑이 정통이니 어느 자리에 앉는 것이 마땅한가?"

"설원은 나의 총신이자 또 정통이고 문노는 비록 스승의 위치이긴 하나 정통이 아닙니다. 어찌 문노가 설원에게 절을 하지 않을 수 있겠습니까?"

세종은 미실의 말을 듣고 설원에게 명하여 미실 세종의 옆에 나란히 앉게 함으로써 설원을 예우했다.

다음으로 문노가 무릎을 꿇은 채로 앞으로 걸어 나와 미실에게 먼저 절하고 세종에게 절하고 그 다음에 설원랑에게 절했다. 그러자 미실이 먼저 인부를 문노에게 주고 세종이 임명장을 내렸다. 다음으로 설원랑이 검장을 들어 문노에게 전하자 문노가 설원랑에게 절을 올리고 일어서며 외쳤다.

"나 문노는 화랑의 풍월주로서 화랑의 도를 섬기고 전 풍월주의 신하로서 예를 다할 것이다!"

문노는 인부와 검장을 받고 스스로를 신하라 칭함으로써 새 풍월주가 되었다. 자신이 풍월주가 된 것과 동시에 자신이 전 풍월주인 설원랑의 신하가 됨을 만천하에 공표한 것이다. 미실이 기뻐하며 설원에게 말했다.

"내가 너로 하여금 일전에 문노를 스승으로 섬기며 굽히게 한 것은 바로 오늘이 있기 때문이다."

설원랑은 감사를 표하며 말했다.

"신의 머리카락 하나와 살갗 하나까지 궁주님의 소유가 아닌 것이 없습니다. 어찌 많은 말이 필요하겠습니까?"

낭도들이 만세를 불렀다. 문노의 파까지 끌어들인 미실과 사도에게는 거칠 것이 없어졌다. 마침내 미실과 사도는 진지왕을 폐위시키고 어린 왕을 즉위시키니, 드디어 진평의 시대가 열렸다. 거사가 성사된 데에는 화랑들의 힘이 컸다. 화랑들과 함께 도모한 쿠데타나 마찬가지였다.

여자를 알았던 희대의 카사노바

설원랑. 그는 미실궁주의 충신이자 애인이었다. 미실은 색신으로 여러 왕에게 색공을 하는 것 이외에도 여러 남자와 사통을 즐긴 바 있었는데 그중 하나가 바로 설원랑이었다. 미실은 진흥왕을 모실 때도 자주 궁을 빠져 나와 설원랑과 사통하였으나 왕은 알지 못했다. 하루는 설원이 미실과 함께 술을 마시며 수작을 하다가 취기가 올라 말했다.

"무릇 색은 대범할수록 더욱 즐겁고 깊어지는 것이라. 둘이 함께

하여 이리 즐거우니 셋이 함께 하면 얼마나 더 즐겁겠습니까?"

"그대와 내가 하나이니 나의 마음이 어찌 그대와 다르겠는가? 그럼 누가 우리와 더불어 격의 없이 함께 할 수 있겠는가?"

"궁주께서는 온 신국의 여인들이 몸을 한번 바치는 것이 소원일 정도로 잘생긴 동생을 두셨는데 무엇을 망설이십니까? 미생이라면 말이 샐 염려도 없을 것입니다."

미실이 고혹적인 웃음을 흘렸다. 얼마 후 설원랑의 은밀한 전갈을 받고 미생이 도착했다. 방 안으로 들어서니 웬 남녀가 알몸으로 엎드려 누워 술잔을 주고받고 있었다. 설원랑의 전갈을 받고 왔는데 웬 여자가 알몸으로 함께 있으니 미생은 내심 깜짝 놀랐다. 그런데 여인의 얼굴을 가만히 살펴보니 익숙하고도 익숙한 얼굴이 아닌가.

"아니, 누, 누이가 아닌가."

궁에 있어야 할 누이가 설원랑과 함께 알몸으로 있다니 미생은 소스라치게 놀랐다. 하지만 벗은 누이의 몸은 동생이라도 훔쳐보고 싶을 정도로 무척 아름다웠다.

"설원, 지금은 궁주님이 계시니 내가 다음에 다시 오겠네."

그때 미실이 설원에게 안긴 채로 일어나 앉았다. 풍만한 누이의 가슴이 그대로 미생 눈에 들어왔다.

"다음에 다시 올 것이 아니라, 미생아, 내가 있기에 지금 너를 부른 것이 아니냐?"

미실이 미생의 팔목을 잡아끌었다. 미생은 처음에는 뿌리치려는 듯하더니 이내 못이기는 척 자리에 주저앉고 말았다. 미실이 벌거벗은 팔을 미생의 다리 위로 뻗치며 그의 다리 위로 엎어지자 그녀의 가슴과 음부가 드러났다. 미생은 차마 밀어낼 수도 없고 끌어안을 수도 없어 엉거주춤한 자세로 꼼짝도 못하며 있었다.

"누, 누이. 왕께서 아시면 어쩌려고 설원과 함께 있는 것입니까?"

"나를 향한 왕의 총애가 하늘을 뒤덮을 만한데 무엇이 두렵겠느냐? 설령 아신다 해도 차마 들추지는 못하실 것이니라. 왕은 이미 내가 아니면 사실 수가 없느니. 호호호호."

미실이 간드러지는 웃음소리를 냈다. 설원이 술을 따라 친히 미생에게 먹여 주며 이렇게 말했다.

"이 두 사람은 신국에서 가장 아름다운 절세 미녀와 귀공자니, 남매면 어떻고 형제면 어떻겠는가? 부끄러움 따위에 머뭇거리시겠는가?"

미생은 얼떨결에 술을 받아 마셨다. 설원이 또 술을 따라 미생에게 먹였다.

"모두가 암컷이 아니면 수컷에 불과한 것을."

미생은 설원의 말을 들으며 자신에게 몸을 비벼대는 미실의 속살을 빤히 내려다보았다. 다시 설원이 세 번째 술을 미생에게 먹였다.

미생이 떨리는 손을 들어 고개를 박고 자신의 양물을 탐하고 있는 미실의 하얀 등을 조심스럽게 어루만져 보았다. 누이의 등은 너무나 하얗고 부드러웠다. 그도 그럴 것이 세종전군은 물론이고 동륜태자와 진흥왕까지 그 앞에 사족을 못 쓰고 무너져 버린 여체였다. 도대체 어떤 음사의 도를 알기에 미실을 한 번 안은 왕들은 하나같이 미실에게 사족을 못 쓰는 것일까? 미생 역시 사내로서 이런 궁금증 때문에 온몸이 들썩거린 적이 한두 번이 아니었지만 상대는 누이이자 왕에게 색공을 하는 여인이었다. 감히 엄두도 내 볼 수 없었던 것이다. 설원이 다시 속삭였다.

"대왕과 마찬가지로 우리도 사내인데 어찌 대왕만이 양의 즐거움을 모두 누리겠는가. 궁주가 우리를 어여삐 여겨 받아 주시니 우리도 아름다운 궁주와 함께 왕께서 맛본 열락의 세계를 한번 맛보지 않겠는가?"

이미 미실에게 양물을 빼앗긴 미생은 온몸이 전율에 휩싸여 설원의 목소리가 마치 딴 세상의 소리인 양 아득해지기 시작했다. 이윽고 설원, 미생 그리고 미실은 마치 산과 들을 헤매는 천진한 짐승들처럼 서로를 탐하며 뒤엉키기 시작했다. 이렇게 셋이 어우러진 사통을 한 번 맛본 이들은 틈만 나며 셋이 어우러져 사통을 일삼았다. 횟수가 거듭될수록 혹시 왕에게 탄로가 나지 않을까 두려운 마음이 들었지만 한 번 불붙은 재미를 멈출 수가 없었다.

(미실은) 총애를 믿고 방탕하여 설원랑과 그의 동생인 미생과 통했으나 (진흥)대왕은 이를 알지 못했다. 미실은 설원랑과 의논하

여 말하기를 "내가 너희들과 사통했는데 만약 낭도들의 우러러 봄을 잃는다면 곧 세상의 여론을 거둘 수 없을 것이다. 너희들은 어찌하여 나를 원화로 받들지 않는가?"했다.

《화랑세기 (6세 세종 조)》

어머니를 닮아 아름다운 소녀여

설원의 처 준화는 남편보다 열여덟 살이 많은 연상의 아내였다. 그녀는 일찍이 남편을 여의고 과부로 살다가 설원을 만났다. 설원과 재혼을 하고 아들도 하나 낳아 준화는 비로소 남들 같은 단란한 인생이 시작되나 보다 생각하고 있었다. 하지만 모든 꿈은 물거품에 불과했다. 남편 설원이 미실에 푹 빠져 버린 것이다. 열여덟 살이나 아래인 준화는 남편에게 젊은 애인이 있는 것이야 이해할 수 있으나 상대가 미실이라니. 준화는 질투 이전에 공포심을 느낄 수밖에 없었다.

"신국의 젊은 여인이 하나 둘이 아니건만 왜 하필 미실궁주란 말이요? 만약 왕께서 아시는 날엔 우리 둘 다 살아남기가 어렵다는 걸 정녕 모른단 말이오?"

"출신도 변변치 못한 나를 그대처럼 귀한 가문의 여인과 결혼시켜 준 것도 미실궁주요, 내가 화랑에 처음 들어가 낭도들의 신망이 없던 시절, 꾸준히 재물을 내려 마침내 낭도들의 마음을 내게로 돌려준 것도 바로 미실궁주요. 그런데 이제 내가 그대와 부부로 살게 되었다고 해서 갑자기 어찌 미실궁주와의 인연을 끊을 수 있겠소? 나는 미실궁주의 신하이고 큰 은혜를 입었으니 궁주의 뜻에 따르는 것이 당연하오."

과거 신라에서는 출신이나 신분이 낮은 남자가 신분이 높은 여자와 혼인하여 지위를 높이는 것이 흔한 일이었다. 그리고 이때는 과부이거나 연상을 가리지 않았다. 설원이 준화에게 오히려 항변하니 준화는 더 이상 따지지도 못하고 벙어리 냉가슴만 앓았다. 천하제일의 색신 미실에게 빠져 있으니 감히 여인으로서 남편의 사랑을 구할 엄두도 나지 않았다. 하지만 설원의 방탕은 여기서 끝나지 않았다. 준화에게는 설원과 재혼하기 전 낳은 딸 준모가 있었다. 준화는 동륜태자가 개에 물려 죽고 진흥왕이 둘째 아들 금륜을 태자로 책봉하자 금륜태자에게 준모를 바쳐 그의 총애를 얻고자 한 적이 있었다. 그런데 설원이 이를 반대하고 나섰다.

"준모가 동륜태자를 섬긴 일을 진흥왕께서도 아시는데 준모를 또다시 금륜태자에게 바친다면 성상임금께서 우리 부부를 좋게 여기지 않을 것이오."

준화는 동륜이 살아 있을 때 이미 준모를 바쳐 동륜태자와의 관계를 돈독히 하려 한 바가 있는데 또 같은 방법으로 금륜에게 준모를 바친다면 모양새가 좋지 않다는 것이었다. 이에 준화는 남편 설원의 말을 곱씹어 보더니 말했다.

"낭군의 말이 옳습니다."

준화는 설원이 재혼 전에 낳은 딸 준모의 일을 진지하게 걱정해 주어 고마웠다. 그러나 설원의 속셈은 딴 데 있었다. 설원은 아직 시집도 가지 않은 젊디젊은 준모를 어찌 해볼 생각으로 호시탐탐 기회만 노리고 있었던 것이다. 하루는 준화가 친정 일로 며칠 집을 비웠다. 이때 설원은 날이 저물자 준모의 방으로 은밀히 잠입해 들어갔다.

"아니, 아버지가 어쩐 일로 이 시간에 내 방을 찾았습니까?"

준모는 자신과 나이 차이도 얼마 나지 않는 설원을 어머니의 남편이라는 이유만으로 아버지라 부르고 있었다.

"어머니도 외출하고 없건만 아버지라 부르지 마라. 너와 나는 동년배이니 차라리 이름을 부르는 것이 더 자연스러울 것 같구나."

"……."

설원은 자신을 경계하는 준모를 아이에게 하듯 달래며 속삭였다.

"너는 어미를 닮아 이목구비가 출중하고 몸이 날렵하니 참으로 사내들의 시선을 타겠구나."

"특별한 용무가 없으시면 이만 잠자리에 들까 하니 이제 나가 주십시오."

"너의 잠자리에 내가 참예하면 아니 되겠는가?"

"아니, 이 무슨 망발이십니까?"

"내 나이가 한창 피어나는 스물이니 춘화도 집을 비운 마당에 무엇으로 젊음의 혈기를 다스리겠느냐?"

설원이 준모에게 바짝 당겨 앉자 준모가 뒤로 물러앉았다.

"지금 날더러 어미의 남편과 사통을 하란 말입니까?"

"남녀 관계란 따지고 보면 모두 음과 양일 뿐, 거기에 형제자매는 무엇이고 부모가 다 무엇이란 말이냐? 게다가 너는 나의 친 자식도 아니니 우리가 합하는 데 무엇을 꺼릴 것인가?"

"한 집에 사는 어미를 어찌 속이겠습니까?"

"서로의 마음이 통한다면 속이지 못할 일도 없다!"

설원이 갑자기 준모를 쓰러뜨리더니 그녀의 치마 속으로 손을 덥석 넣었다. 설원은 신국의 모든 여인들이 우러러 보는 귀공자인 데다가 화랑의 우두머리인 풍월주라 준모는 애써 저항하지 않았다. 이렇게 시작된 둘의 위험한 관계는 몇 달 후 준모의 갑작스런 임신으로 곧 탄로가 났다.

"도대체 누구의 애란 말이냐, 이년아!"

화가 난 춘화가 딸의 머리통을 쥐어박으며 소리쳤다. 춘화가 준모를 몇날 며칠 닦달하자 마침내 준모가 분통이 터져 어미에게 소리쳤다.

"누구긴 누구요! 잘난 어미의 남편 설원이지. 몇 달이나 남편이 다른 여자와 사통하는 것도 알지 못하니 이렇게 결국 딸년 몸을 버리게 된 것이 아니오!"

준모가 대들자 준화는 그만 자리에 털썩 주저앉고 말았다.

"아니 이게 무슨 일인가. 설원이 내 딸을 건드리다니. 그것도 몇 달간이나 내 딸년과 놀아났다니."

이때 마침 설원이 화랑 선단의 일을 마치고 집으로 돌아와 마당으로 들어서고 있었다. 준화는 벌떡 일어나 설원에게 달려가 다짜고짜 설원의 옷섶을 쥐고 악다구니를 쳤다.

"네가 준모를 금륜태자에게 바치는 것을 반대하더니 자기가 취하는 것은 대체 무슨 도리인가? 이제 내 딸을 겁탈하고 애까지 배게 했으니 이를 어찌할 것인가!"

충동적으로 준모를 취하긴 했지만 예상치 못한 상황에 설원도 당황할 수밖에 없었다. 그저 본능과 감정에만 충실했던 것뿐인데 준화가 악다구니를 치니 설원은 짜증이 났다.

"어찌 처가 남편의 멱살을 흔들고 막말을 하는가."

설원은 짐짓 근엄한 남편의 행세를 하려 했다. 하지만 이미 배신감에 눈이 뒤집힌 준화에게는 아무것도 보이지 않았다.

"나이로 치면 내가 너보다 열여덟 살이나 위이니라. 네가 벌여놓은 일이니 마땅히 뒷감당도 네가 해야 할 것이다. 일을 제대로 매듭짓지 않으면 너의 모든 행실을 내가 왕에게 고할 테니 알아서 해라!"

그리고 준화는 털썩 주저앉더니 울음을 터뜨렸다.

"아이고, 아이고. 처량한 내 신세야!"

설원은 통곡하는 준화를 뒤로 하고 미실에게 뛰어갔다. 미실에게 사태를 이야기하고 대책을 마련하기 위해서였다. 미실은 하는 수 없이 동생 미생을 불러들여 설원의 의붓딸인 준모를 첩으로 들이라고 명했다. 비록 설원의 아이를 임신 중인 준모였지만 누이 미실의 명을 미생은 거스를 수 없었다. 미생 그의 모든 부귀영화는 바로 미실 누이로 인한 것이었으니 말이다. 이렇게 사태는 미생이 임신한 준모를 서둘러 첩으로 맞이함으로써 매듭지어졌다. 대대로 왕의 총애를 받는 색공지신 가문의 귀공자인 미생의 첩으로 준모가 시집 가니 준화 역시 다른 불만이 없었다. 얼마 후 준모는 '미모'라고 하는 딸을 낳고 화랑의 낭도들은 미모가 미생의 딸이라고 생각하여 설원을 의심하지 않았다. 은밀한 정사의 공범이었던 설원과 미실 그리고 미생은 준모의 일을 함구하기로 했다.

미실은 설원랑에게 권하여 모라공의 과처인 준화낭주를 아내로 맞도록 했다. 낭주는 그때 나이가 38세였고 과부로 산 지 18년이었다. 다시 화랑(설원랑)을 얻어 지아비로 삼아 마침내 아들을 낳았다.

《화랑세기 (7세 설원랑 조)》

긴 인생이 한여름 밤의 꿈과 같아라

화려하고 방탕한 젊은 시절은 그렇게 흘러갔다. 탐욕과 권력 그리고 이해관계로 얽힌 설원과 미실에게도 이미 세월의 더께가 내려앉고 있었다. 설원은 미실의 명에 따라 문노에게 풍월주의 자리를 내어 주기까지 하면서 미실이 진지왕을 몰아내고 진평왕을 세우는 일을 도왔다. 미실은 진평왕이 등극하자 또 한 번 왕에게 색공을 바쳐 색신으로서의 위상을 드높였다.

하지만 미실 또한 예전의 미실이 아니었다. 어린 진평은 미실보다는 보명궁주를 더 총애하였고, 미실은 또한 세월에 따른 자신의 변화를 알고 색공보다는 사도와 함께 정사를 주관하는 일에 주력하였다. 요염한 음기로 빛나던 미실의 얼굴에는 어느새 주름이 내리고 색기를 내뿜던 육체도 어느덧 사위어 갔다.

"색신으로 충성을 다한 세월이 길고도 짧구나. 이제 내가 나이가 들어 음사에 기운이 모자랄 뿐 아니라 더 이상 수태를 할 수 없는 몸이 되었으니 어찌 왕을 모실 수 있으리."

미실은 스스로 더 이상 색공하기를 거부하고 월성을 떠나 조용히 여생을 살기 바랐다. 진평은 처음 왕위에 올라 음사를 배우고 총애를 내린 것이 바로 미실이었지만 때가 다가왔음을 알고 말리지 않았다. 왕은 미실의 가문에 큰 재물을 내리고 미실이 월성을 떠나 자유로운 삶을 살도록 허락했다. 먼 길을 떠나기 전 미실이 설원을 불렀다.

"나는 이제 영흥사에 들어가 불교에 정진하며 여생을 보낼까 한다. 내게는 남편도 있고 일생에 여러 남자가 있었으나 내 마지막 동반자는 그대가 되길 소망하니 그대는 어떠한가?"

설원은 미실을 바라보며 지난 세월을 생각했다. 미실의 얼굴에는 그동안 두 사람이 함께 해온 세월의 흔적이 묻어 있었고 아름다운 귀공자였던 설원랑의 얼굴도 이미 예전의 그 얼굴이 아니었다. 영원히 계속되리라 믿었던 향락의 시간이 이리도 한순간이라니. 설원은 세월의 잔인함이 가슴에 사무쳤다. 미실이 창밖을 보며 말을 이었다.

"모든 것을 내 손안에 넣고 감히 그 어떤 것도 두렵지 않았던 시절이 있었으나, 유한한 인간이 어찌 시간의 영원함 앞에 계속 당당할 수 있으랴. 세상에 변하지 않는 것이란 없다는 사실 외에는 아무것도 영원한 것이 없으니 이제는 그만 그대와 함께 초야로 들어가 쉬고 싶구나……."

미실이 다시 시선을 설원에게 돌렸다. 설원이 결심을 한 듯 마침내 입을 열었다.

"신의 머리카락 하나와 살갗 하나도 궁주님의 소유가 아닌 것이 없습니다. 어찌 제가 궁주님을 따르지 않겠습니까?"

마침내 미실이 월성을 떠나는 날, 미실을 태운 긴 행렬이 월성을 빠져나와 영흥사로 향했다. 설원랑은 말을 타고 미실의 수레를 호위하였으며 몇몇 미실을 따르던 화랑과 낭도들이 그 뒤를 따랐다.

> 설원은 양위를 하고 미실을 따라 영흥사로 갔다. (설원은) 거느린 낭도를 택하여 (미실이) 출입하는 것을 호위하며 사신두상이 되었다. 후에 미륵선화라는 이름을 더했다. 미실에게 끝까지 처음과 같이 한 자는 설원이었다. 성하고 지극하도다.

《화랑세기 (7세 설원랑 조)》

처음이자 마지막으로 진실을 붙잡다

설원은 모든 것을 버리고 미실을 선택하여 영흥사에 들어가 조용한 나날을 보냈다. 아무도 두 사람을 찾아오지 않았다. 두 사람은 오직 서로가 서로에게만 가족이고 친구며 유일한 동반자였다.

606년, 미실은 이상한 병에 걸려 여러 달 동안 일어나지 못했다. 설원이 밤낮으로 안타까워 직접 미실을 씻기고 먹이고 입히며 고통을 함께 나누었다.

"설원, 내가 보종을 수태하던 때가 기억나느냐? 백양이 가슴으로 들어오는 꿈을 꾸었지. 좋은 태몽을 꾸고 진평왕과 합하기 위해 왕을 장막 안으로 잡아끌었는데……."

미실이 가쁜 숨을 내쉬며 옛일을 회상했다. 그때 미실을 따라 장막 안으로 들어간 진평왕은 아직 열세 살의 어린 나이라 제대로 합궁이 이루어지지 않았다. 이에 왕은 밖으로 나와 설원에게 대신 들어가 미실과 함께 하도록 명했고, 왕명에 따라 설원과 미실이 합한 후 잉태하여 낳은 아들이 바로 '보종'이었다.

"우리에게 보종이 남아있으니 그 또한 하늘의 뜻이다……."

"말씀을 아끼십시오. 기력이 쇠할까 염려되옵니다."

"……."

"제가 비록 젊은 시절 여러 곳을 헤매며 향락을 일삼았지만 저의 마음은 늘 궁주님께 있었습니다. 이제 우리가 더 이상 가진 것이 없고 궁주 또한 늙어 아름다움이 모두 사라져 버린다 해도 제 충심은 변함이 없습니다. 잊지 않으셨겠지요? 신의 머리카락 하나와 살갗까지도 궁주님의 소유가 아닌 것이 없습니다."

미실이 잔잔한 미소를 지었다.

"그대가 있으니 내 인생이 헛되지 않구나."

설원은 미실을 위해 밤마다 하늘을 향해 기도했다.

"저 분의 고통을 내가 대신하게 하소서. 궁주님의 병을 내가 대신 받게 하소서."

하지만 미실은 점차 의식조차 희미해질 때가 많아지더니 마침내 앉지도 못하고 죽은 사람처럼 자리보전을 하는 날이 계속됐다. 설원은 미실을 위해 매일 밤 정성어린 기도를 계속하다가 마침내 미실 옆에 쓰러져 미실과 같은 병으로 죽고 말았다. 그의 기도대로 미실의 병을 대신하게 된 것이다. 시종들이 설원의 시신을 거두는 데 미실이 깨어나 설원이 자기 대신 죽은 것을 알고 슬피 울었다.

> 미실궁주가 이상한 병에 걸려 여러 달 동안 일어나지 못했다. 공이 밤낮으로 옆에서 모셨다. 미실의 병을 자신이 대신하겠다고 밤에는 반드시 기도했다. 마침내 그 병을 대신했다. 미실이 일어나서 슬퍼하여 자신의 속곳을 함께 넣어 장사를 지내며, "나도 또한 오래지 않아 그대를 따라 하늘에 갈 것이다."했다.
>
> 《화랑세기 (7세 설원랑 조)》

온갖 향락을 일삼으며 당대의 카사노바로 일컬어졌던 설원은 아이러니하게도 미실궁주의 마지막 남자로 그 최후를 맞았다. 《화랑세기》의 저자 김대문은 설원에 대하여 "미실의 신하이고…… 불문에 의탁하여 그 아름다움을 더했다. 훌륭하도다. …… 처음부터 끝까지 하나인 충성은 하늘의 복을 열었다."고 칭송했다. 그의 젊은 날은 비록 방탕함과 문란함으로 얼룩졌으나 마지막에는 자신의 주인에게 일생을 바쳐 충성을 다한 것이다. 여기에서 우리는 본능에 충실하면서도 자신들만의 도道를 추구하는 신라인의 진면목을 볼 수 있다.

신라인 이야기 2

'문노'는 진지왕 폐위를 도운 공로로 '골품'을 얻었다

- 신라의 신분제도 '골품'

골품이란 무엇일까?

신라의 골품제는 하루아침에 만들어진 것이 아니라 국가 기반이 형성되는 과정에서 자연스럽게 형성되었으며 법흥왕이 율령을 반포하며 체계화한 신라의 특징적인 신분제다. 골품제에서는 신분이 '골' 신분과 '두품' 신분으로 나뉘는데, 골에는 성골과 진골이 있었고 두품에는 1두품부터 6두품까지 있었다.

신라의 관직은 모두 17등급으로 나뉘었는데 진골은 1등급의 벼슬인 이벌찬까지 오를 수 있었고 집도 24척 규모까지 허용되었다. 그러나 6두품의 경우 6등급인 아찬 벼슬까지만 오를 수 있었고 거주지도 21척을 넘어서는 안 되었다. 또 5두품은 10등급 대나마 벼슬까지 오를 수 있었고 집은 18척을 넘지 못했으며, 4두품은 12등급인 대사 벼슬까지만 가능했다. 신분은 신라사회의 가장 핵심적인 가치였기 때문에, 신분에 따라 거주지와 복식 등 일상생활에 제한이 따르는 것은 물론 유·불·선에 통달한 엘리트라도 골을 얻지 못하면 출세를 할 수 없었다. 그래서 통일신라의 최치원은 6두품이라는 자기의 신분을 그토록 통탄했던 것이다.

성골만이 왕이 될 수 있었다

신라에서 왕이 되기 위해서는 반드시 성골의 신분이어야만 했다. 진골은 최고의 귀족 신분으로 신라 최고의 벼슬을 얻을 수는 있었지만 결코 왕은 될 수 없었다. 그러나 우리에게 잘 알려진 태종무열왕, 바로 김춘추는 진골의 신분으로 결국 왕위에 오를 수 있었다. 선덕여왕과 진덕여왕을 끝으로 신라의 성골 신분이 아무도 남아 있지 않게 되자 폐위된 진지왕의 손자가 되는 김춘추가 진골 신분으로 왕위에 오른 것이다.

골품은 스스로 버릴 수 있었다

신라를 지배했던 신분제, 골품의 신분은 자신의 선택에 따라 포기할 수도 있었다. 가령 숙명공주의 경우 왕후의 신분으로 궁에서 살았지만 사랑에 빠져 출궁을 함으로써 그 신분도 함께 버렸다. 또한 선덕여왕의 언니인 천명공주 역시 출궁을 함으로써 왕위를 이을 수 있는 성골 신분을 포기했다. 천명공주는 오촌당숙뻘이 되는 용수전군과 결혼했는데 사위 용수전군에게 양위를 하려던 진평왕이 다시 덕만공주훗날 선덕여왕를 후계자로 지목함으로써 궁에서 나가야 했다. 《화랑세기》 13세 용춘공 조에는 "선덕공주가 점점 자라자 용봉의 자태와 태양의 위용은 왕위를 이을 만했다. …… 그러므로 진평대왕은 …… (천명)공주에게 지위를 양보하도록 권했다. (천명)공주는 효심으로 순종하였다. 이에 지위를 양보하고 출궁을 하였다."는 기록이 있다. 즉 천명공주는 출궁을 함으로써 성골 신분을 버리고 왕이 될 수 있는 지위까지 버렸던 것이다.

골품은 새로 얻을 수도 있었다

화랑 중의 화랑으로 칭송받던 문노는 '골' 신분을 가지고 있지 못했다. 그러나 미실에게 붙어 진지왕의 폐위에 공을 세워 아찬의 벼슬을 얻음으로써 비로소 골품을 얻게 되었다. 미실은 문노를 끌어들여 화랑도를 장악하고 사도태후와 함께 진지왕을 폐위시켰는데 이 공로로 문노에게 벼슬을 내린 것이다. 문노가 진골이 되자 그의 아내 윤궁은 이렇게 말했다. "이제까지 낭군은 첩의 신하였으므로 오히려 첩을 따르는 것이 많았으나, 이제 골을 얻었으니 앞으로는 첩이 낭군의 명을 따라야 합니다."고 했다. 윤궁은 원래 남편보다 신분이 높았는데 문노가 진골이 되어 신분이 같아지자 이제부터는 남편을 섬기겠다고 말한 것이다.

꽃미남 화랑, 남자를 사랑하다

여자보다 남자를 사랑한 아름다운 남자 '보종'

화랑 보종의 병은 외로움이었다. 말 못할 외로움은 자신을 위해 뛰어드는 젊은 염장의 열정에 녹아내리고 마음의 빗장 또한 어느새 열려 버렸다. 돌아오지 않는 연인을 그리워하면 무엇하랴. 만질 수 없는데 어찌 사랑이랴. 무엇을 망설이겠는가. 염장의 마음이 내 마음으로 들어왔음에야. 사랑은 언제나 새로운 사랑으로 잊히게 마련이다.

여자를 싫어하는 아들, 보종

"어머니, 어쩐 일로 저를 부르셨습니까?"

보종은 어머니 미실의 부름을 받고 월성의 미실궁에 들었다. 오랜만에 만난 어머니 미실은 비록 얼굴에 조금씩 세월이 느껴지긴 했지만 여전히 아름답고 교태스러운 눈빛이 살아 있었다.

"진평대왕과 덕만공주훗날 선덕여왕에게 인사는 올렸느냐?"

"네"

"너는 늘 피리를 들고 다니는구나."

미실은 막내아들 보종이 옆에 놓은 피리를 힐끔 쳐다보았다.

"예, 피리만한 벗이 없습니다."

보종은 잔잔히 웃으면서 대답했다. 미실은 오랜만에 만난 막내아들과 이런저런 이야기를 나누다가 이내 긴 한숨을 내쉬었다.

"그런데 보종아. 내가 네게 내린 윤궁의 딸 현강을 마다했다는 것이 사실이냐?"

"……."

"현강이 나를 찾아와 보종 네가 도무지 자신을 안으려 하지 않고 찾지도 않으니 분하여 살 수가 없다고 토로하더구나."

미실의 물음에 보종은 묵묵부답이었다.

"네 아버지 설원랑도 나뿐만 아니라 여러 여인을 거느렸다. 무릇 사내는 용모가 수려하고 기상이 용맹한 것도 중요하지만 한편으로 여인을 즐겁게 하는 것도 큰 덕목이니라."

"……."

미실이 보종을 바라보며 답답하다는 듯 한숨을 내쉬었다.

"보종, 네가 가장 소원하는 것은 무엇이냐?"

"그저 저는 어머니와 더불어 한날한시에 죽는 것이 원입니다."

"보종 너의 나이 아직 한창인데 색은 좋아하지 않고 나와 같이 죽기를 원하다니 이 무슨 영문이란 말이냐?"

"많은 사람들이 나를 사랑한다 하나 아무도 어머니만 못합니다. 저는 어머니가 돌아가시면 살 수 없을 듯합니다."

"네가 그런 생각을 하는 것은 아직 색의 즐거움을 알지 못해서이니라. 아름다운 여인과 더불어 여인을 취하는 즐거움을 알게 된다면 어찌 네가 이 어미에게만 정성을 쏟겠느냐? 어미 또한 이제 나이가 적지 않으니 어서 손자를 보고 싶다. 색의 즐거움은 사내의 가장 큰 기쁨 중 하나니."

"어머니, 아름다운 여자라면 어떤 여자를 말하시는 것입니까?"

"그것은 너와 같은 사람이다. 얼굴색은 옥처럼 맑고 입술은 붉은 연지와 같으며 눈은 깊고 총명하게 빛나야 한다. 너 또한 그처럼 아름답지 않느냐?"

"하지만 어머니, 옥처럼 맑은 얼굴색은 세월에 닳아 없어지고, 붉은 입술은 사람을 즐겨 속이며, 깊은 눈이란 때때로 슬픈 사연을 간직하고 있는 법입니다. 그렇지 않습니까, 어머니?"

미실은 날이 가면 갈수록 엉뚱한 소리만 늘어놓는 보종 때문에 머리가 아팠다. 보종은 서라벌의 농익은 여인들은 하나같이 한번쯤 품에 안겨 보길 원하는 아름다운 외모의 소유자였다. 하지만 보종 자신은 정작 이리도 색에 관심이 없으니 미실은 응당 누리고 즐겨야 할 남자로서의 즐거움을 보종이 모르고 살아가는 것 같아 안타까웠다. 게다가 그 성품 또한 여자처럼 여리기만 하니 이 험한 세상을 어떻게 살아갈지 걱정스럽기만 했다.

보종, 호림공과 동거하다

보종은 미실의 막내아들로 미실의 많은 사랑을 받았다. 보종은 설원이 왕을 대신하여 미실과 합해 낳은 아들이었다. 신라에서는 색공은 귀히 여기고 사통은 천시하였는데 왕이 명하여 몸을 합하였으니 보종은 사통이 아니라 정당한 관계에 의해 태어난 아들이었다. 신라인들은 아이가 있는 유부녀를 취할 경우 그 유부녀의 자식을 자신의 자식으로 삼는 마복자 풍속이 있었는데 진평왕은 미실의 아들 보종을 자신의 마복자로 삼아 극진히 총애하고 많은 재물을 내려 주었다. 그래서 보종은 어려서는 진평왕을 아버지라 불렀는데 보종이 자라면 자랄수록 설원랑의 모습을 닮아 왕이 보종을 설원랑에게 주고 설원랑의 집에 거하게 했다.

보종은 아버지 설원랑의 아름다움을 많이 닮았다. 하지만 보종의 아름다움은 아버지 설원랑의 그것을 뛰어넘고도 남음이 있었다. 하지만 설원랑의 아름다움이 여인들을 즐겁게 하는 것이었다면 보종의 아름다움은 남자들을 위한 것이었다.

"호림 형님, 앞으로는 여기서 지내시지요."

보종은 이른 저녁 자신을 찾아온 호림과 함께 가야금을 뜯고 노래를 부르다가 문득 호림을 바라보며 이렇게 말했다. 호림은 화랑의 우두머리인 풍월주로 모든 젊은이들의 부러움을 한몸에 받는 호걸이었을 뿐만 아니라, 진평왕의 부인 마야왕후의 동생이었다.

"형님이 제 곁에 머물러 주신다면 제 외로움이 달래질 수 있을 것 같습니다."

"내가 그대에게 위안이 될 수 있단 말인가?"

"예. …… 여자로 태어나지 못해 형님을 직접 섬기지 못하는 것이 한스러울 뿐입니다."

"아, 보종. 그대가 나를 이토록 연모하는 줄은 몰랐네. 하지만 그대의 처 현강이 있는데 어찌 같이 머문단 말인가?"

"처 현강이 있다 하나 서로 몸을 섞지 않으니 어찌 부부라 할 수 있겠습니까? 또 저의 여자라면 곧 형님의 여자나 마찬가지입니다."

"……!"

호림이 잠시 말이 없이 보종을 가만히 바라보았다. 고개를 떨어뜨린 보종의 하얀 살결은 어떤 여인의 그것보다 곱고 희었다.

"어찌 여인의 몸으로만 나를 섬길 수 있단 말이냐. 네가 원한다면 남자의 몸으로도 나를 섬기지 못할 까닭이 없다."

당당한 기백이 넘치는 호림의 말에 보종은 고개를 들어 호림을 바라보았다. 형형한 눈빛에는 사내다운 기운이 서려 있었다. 호림은 마침내 결심이 선 듯 자신을 바라보는 보종을 잡아끌었다. 보종의 옷깃에 꽂혀 있던 피리가 떨어져 방 한구석으로 굴러갔다. 보종은 오래도록 바라보기만 했던 호림이 자신을 받아 주자 말할 수 없는 기쁨을 느꼈다.

"여인이 되어 형님을 섬길 수는 없지만 형님이 원하는 것이라면 무엇이든 하겠습니다."

그날 이후 호림은 보종의 거처에서 함께 기거하게 되었다. 그리고 얼마 후, 호림은 보종을 풍월주를 보좌하는 화랑의 2인자 자리인 '부제'에 앉혔다. '부제'의 자리란 곧 차기 풍월주를 의미하는 것이었다.

> 늘 작은 청려에 걸터앉아 피리를 불며 시가를 지나가면 사람들이 보종공을 가리켜 진선공자라고 했다. 얼굴은 관옥과 같았고 손은 마치 하얀 새싹과 같았다. 호림이 사랑하여 부제로 삼았다. 정이 마치 부부와 같아 스스로 여자가 되어 섬기지 못하는 것을 한스러워했다…….
>
> 《화랑세기 (17세 염장 조)》

남자, 남자의 아름다움에 반하다

보종은 부제가 된 다음에도 무예를 연마하는 일보다는 학문과 예술에 더욱 관심을 가졌다. 화랑은 무예연마의 본분이 있었지만 한편으로 음악을 익히고 각종 제사를 주관하는 사제의 역할도 했기 때문에 보종의 이런 역할도 화랑의 역할에서 적지 않은 부분을 차지했다. 이런저런 일로 보종이 바삐 뛰어다녀야 할 때 보종을 도와준 이가 있었으니 바로 '염장'이었다. 염장의 나이 이때 열여덟이었는데 이미 체구가 보종보다 훨씬 커서 보종을 아이처럼 업어 주기를 좋아하였다. 가량가량한 보종과는 달리 염장은 우락부락한 몸매로 사내다움이 물씬 풍기는 매력이 있었다.

"형님, 나를 아우로 삼아 주세요. 형님의 아름다운 모습을 보고 있노라면 세상 여인들의 아름다움도 모두 시시하게 느껴지곤 합니다."

"하하하. 네가 농담도 잘하는구나."

"아닙니다, 형님. 저는 진심입니다."

"그래 염장, 네 나이가 올해 몇이냐?"

"열여덟 살입니다."

"그렇다면 나보다 아직 여섯 살이나 아래인데 네 몸집이 벌써 산처럼 크구나. 네가 나보다 덩치가 더욱 좋으니 오히려 내가 아우를 해야겠다."

"아닙니다, 형님. 저는 형님의 하인이라도 되어 형님을 따르고 싶은 마음입니다. 힘드신 일이 있으면 무엇이든 말씀하십시오. 지금부터라도 스스로 하인이 되어 따르겠습니다. 자, 이리 오십시오."

염장이 장난스럽게 가량가량한 보종을 두 손으로 번쩍 들어 올리다시피 해서 등에 업었다. 보종은 염장의 등에 기대며 살짝 얼굴을 붉혔다.

"형님처럼 고운 사람이 항상 제 곁에 있다면 불같은 제 성정도가라앉아 조금쯤 더 좋은 사람이 되지 않겠습니까?"

염장이 보종을 등에 업고 속삭이듯 말했다. 보종이 가만히 한숨을 내쉬었다.

"염장아, 너의 마음은 고맙다만 나에게는 이미 호림공이 계시지 아니한가?"

"알고 있습니다, 형님. 저는 그냥 이렇게 형님을 업고만 있어도 좋습니다. 하하하."

염장은 보종을 아끼는 마음이 정말로 커서 실제로 보종의 모든 궂은일은 도맡아 하다시피 했다. 그래서 부제의 자리에는 보종이 앉아 있었지만 거의 모든 일이 염장의 손에 맡겨지곤 했다. 그러던 어느 날, 보종이 스스로 부제의 자리를 어린 소년 유신에게 물려주고자 했다.

"양위라고요? 화랑이 된 지도 얼마 되지 않은 유신이 어떻게 부제가 된단 말입니까?"

"염장아, 유신의 무예가 예사롭지 않은 것은 너도 이미 익히 알고 있지 않으냐? 부제의 자리란 곧 다음 풍월주를 의미하는데 나는 풍월주의 자리를 감당할 수 없다. 그러니 재주가 남다른 유신에게 미리 부제의 자리를 양위하여 풍월주의 자리를 대비하도록 함이 옳지 않겠는가?"

보종의 양위에 대부분의 사람들은 반대하지 않았으나 유독 염장만은 이를 받아들이지 않았다.

"하지만 아무리 그렇다 해도 화랑도 안에서 보종공의 역할이 어찌 작다 하겠습니까? 화랑은 무예만 닦는 이들이 아니고 하늘의 이치와 자연의 섭리를 모두 배우는 자들입니다. 이들에겐 보종공의 가르침이 필요합니다."

이렇게 염장이 반대했지만 보종의 마음은 변하지 않았다. 오히려 보종은 유신을 늘 어려워하며 받들었다.

"형님, 형이 어찌 동생을 어려워하십니까?"

유신은 자신을 어려워하는 보종에게 이렇게 묻곤 했다. 유신의 질문에 보종은 나지막한 목소리로 이렇게 대답할 뿐이었다.

"유신공은 천상의 해와 달과 같고 나는 미천한 인간에 불과합니다. 어찌 두려워하고 공경하지 않을 수 있습니까?"

이처럼 유신을 받들던 보종은 결국 자신이 풍월주가 되는 것을 포기하고 유신에게 부제의 자리를 물려주었다. 염장이 계속해서 반대하여 당시 풍월주인 호림도 이를 곤란해하고 어려운 점이 있었으나, 미실궁주가 나서서 염장을 타일렀다. 보종의 어머니이자 화랑에 막강한 영향력을 행사하고 있는 미실까지 나서자 염장도 하는 수 없이 고집을 꺾었고 마침내 김유신이 보종 대신 부제의 자리에 올랐다. 삼국통일의 영웅이 될 김유신은 이렇게 날개를 펼 수 있었던 것이다. 어쨌든 보종이 유신에게 양위를 해버리고는 말았지만 염장이 보종을 아끼고 따르는 마음이 이와 같이 특별했다.

염장은 보종공보다 여섯 살이 적었으나 …… 보종공의 아름다움을 사랑하여 자원하여 그의 아우가 되었다. 보종은 형으로 처신하지 않고 오히려 염장을 형처럼 섬겼다. 염장의 말을 들어주지 않는 것이 없었고 정은 마치 부부와 같았다.

《화랑세기 (17세 염장 조)》

보종과 호림, 아내를 공유하다

보종과 호림의 사랑이 점점 깊어지고 둘의 관계가 대담해질수록 보종의 처인 현강의 화는 하늘을 찔렀다.

"남색을 즐기는 화랑들도 한편으로는 여색의 즐거움을 저버리지 않거늘 당신은 어찌하여 혼인한 처를 멀리하고 남자만을 좋아한단 말입니까?"

현강이 보종에게 소리를 질렀다.

"나는 남자를 좋아하는 것이 아니오. 단지 호림공을 깊이 사모할 뿐이오."

"그 말이 그 말 아닙니까? 보종공께서 호림공을 아무리 사모한다고 하나 호림공은 당신과 있을 때보다 나를 취할 때 더 행복해하십니다. 당신의 사랑은 참으로 어리석군요."

현강은 이렇게 비아냥거리며 보종에게 쏘아붙였다. 자신을 멀리

출산 중인 여자 토우

배가 부른 여인이 가슴과 성기를 드러낸 가운데 출산으로 고통스러워하는 모습이다. 그 밖에 '서서 출산하는 여인 토우'도 전해지는데 이를 통해 신라에 서서 아이를 낳는 풍속이 있었음을 짐작해 볼 수 있다.

하는 보종의 속을 뒤집어 놓을 심산이었다. 하지만 보종은 오히려 전의를 상실한 듯 이렇게 말했다.

"현강, 나는 차라리 여인의 몸으로 호림공을 모시는 그대가 부럽소."

"지금 그걸 말이라고 하시는 겁니까? 이제 정말 꼴도 보기 싫습니다. 흥!"

현강이 거칠게 문을 닫고 보종이 있는 방을 나가 버렸다. 호림이 한 집에 거하면서 호림이 보종의 처인 현강을 취하고 있음을 모르지 않았던 보종이었다. 자신의 것이 호림공의 것이고 자기 자신도 호림의 것이니, 호림이 현강을 취하는 것은 오히려 당연한 일이었다. 신라에서는 몸을 섞는 남자들 사이에서 같은 여자를 취하는 것이 흔히 있는 일이었기 때문이다. 그러나 얼마 후 현강이 호림의 아이를 잉태하게 되었다. 호림은 딸을 얻은 기쁨을 감추지 않았다.

"시조 김알지가 금궤에서 나왔다는 계림 숲의 이름을 따서 이 아이를 계림이라 부르겠다."

기뻐하는 호림을 보며 보종은 이렇게 말했다.

"형님, 현강이 나의 아내이지만 형님의 아이까지 낳았으니 계속하여 제 곁에 머무르는 것은 옳지 않습니다. 형님이 데려가서 처로 삼는 것이 낫겠습니다. 현강도 원하는 일일 겁니다."

호림은 보종의 말에 따라 현강을 아내로 맞이하고 보종은 스스로 혼자가 되어 더 이상 아내를 맞지 않았다.

미실궁주는 윤궁의 딸 현강에게 보종을 모시도록 했으나 보종은 그녀와 접촉하는 일 없이 오히려 호림공을 불러 함께 살았다. 호림공은 이에 현강과 통하여 딸 계림을 낳았다. 보종은 이에 현강을 호림공에게 넘겨주고 스스로 아내를 맞지 않았다.

《화랑세기 (16세 보종 조)》

사랑이 다른 사랑으로 잊혀지다

호림은 현강과 함께 보종을 떠나 버렸다. 물론 가끔씩 보종을 찾아오는 일이 있긴 했지만 호림의 정이 예전 같지 않다는 사실을 피부로 느끼는 보종이었다. 이건 호림을 탓할 수만은 없는 일이었다. 호림은 이미 처가 여럿이었고 돌보아야 하는 처와 자식이 여럿이었기 때문에 언제까지 보종과 머무를 수는 없는 노릇이었다. 호림이 떠나고 보종은 호림의 빈자리가 날로 커지는 것을 느꼈다. 외로움과 슬픔으로 보종이 날로 시들어갈 무렵 가슴의 빈자리를 채워 준 이가 바로 '염장'이었다.

보종이 호림에게 느낀 사랑이 근엄한 지아비에 대한 것과 같다면 보종과 염장과의 사랑은 불같이 타오르는 뜨거운 사랑이었다. 염장은 보종이 조금이라도 힘든 기색을 보이면 달려와 도와주었고 누가 봐도 천하 장군의 용맹과 기력을 갖춘 활기가 넘치는 남자였다. 보종이 곱지만 늘 겁이 많고 어린아이와 같았다면 염장은 언제나 맹수와 같은 용맹함으로 그를 지켜 주었다. 이렇게 염장이 보종의 집에 드나들며 여러 가지 집안일을 도와주었는데 어느 날 보종이 병이 나버렸다.

"형님, 이게 어떻게 된 일입니까?"

염장의 애틋한 목소리에 보종이 눈을 뜨고 일어나 앉으려고 했다. 하지만 염장이 이를 말렸다.

"가만히 계십시오."

염장은 보종을 안아 편히 눕히고 하녀가 가져온 죽을 직접 떠서 한 숟가락씩 보종의 입에 넣어 주었다. 한참을 걸려 죽 한 그릇을 다 먹인 염장은 하녀를 불러 따뜻한 물과 수건을 준비시켰다.

"형님, 제가 몸을 닦아 드리겠습니다."

"아니, 아우에게 어찌 그런 일을 시키겠는가?"

"형님을 위해 제가 하지 못할 일이 무엇이란 말입니까? 형님이 원하는 일이라면 무엇이든 하겠습니다."

염장의 말에 보종은 왈칵 눈물이 쏟아졌다. 그 말은 오래전 자신이 호림에게 바친 말이었다. 어느덧 세월은 속절없이 흘러 사랑하는 연인도 떠나가고 새로이 자신 앞에 선 어린 소년이 그 말을 다시 자신에게 바치니 가슴 한구석이 찌르르 저려 왔다.

"내가 무엇이기에 네가 그토록 나를 아껴 준단 말이냐?"

"형님은 세상에서 가장 아름다운 사람입니다. 형님의 아름다운 마음과 눈부신 자태를 사랑하고 이렇게 여리디 여린 형님의 모습을 사랑합니다. 제게는 그저 형님이 옆에 계셔 주는 것만으로 큰 행복입니다. 저는 형님이 원하신다면 형님의 발바닥이라도 핥을 수 있습니다."

"……!"

보종의 병은 사실 외로움이었다. 하지만 누구에게도 그 슬픔을 이야기하지 못하고 혼자서 앓기만 하다가 이렇게 뜨거운 염장의 불같은 사랑을 만난 것이다. 이제는 돌아오지 않을 떠나버린 사랑을 그리워하면 무엇하리. 못 잊으면 무엇하리. 지금 내 옆에 나를 향해 내미는 이 손을 잡으리라……. 염장이 조용히 보종의 옷을 벗기고 그 커다란 손으로 땀에 젖은 보종의 몸을 구석구석 닦아 주었다. 남자라고는 믿을 수 없을 만큼 하얗고 부드러운 살결이었다. 커다란 보종의 눈에 이슬 같은 것이 비쳤다. 보종은 천천히 손을 내밀어 자신의 몸을 정성스럽게 닦아 주고 있는 염장의 손을 잡았다.

"내 어찌 동생의 마음을 더 이상 모른 척할 수 있겠는가. 이제 그대의 마음이 내 마음으로 들어왔으니……."

보종의 말에 염장은 손을 멈추고 보종을 바라보았다. 그리고 보종의 입술에 가만히 자신의 입술을 갖다 대었다. 만질 수 없는데 어찌 사랑이랴. 사랑은 언제나 새로운 사랑으로 잊혀지는 법이다.

화랑, 남색을 즐기는 두 얼굴의 미소년 클럽?

중국 전한 시대의 학자 유향의 《전국책》에는 이런 이야기가 나온다.

어느 날 위나라 안리왕이 용양군과 함께 낚시를 하고 있었는데 고기를 낚아 올리던 용양군이 갑자기 눈물을 흘리기 시작했다. 왕이 이상히 여겨 물었다.

"갑자기 눈물을 흘리다니 이 무슨 일이란 말이냐?"

용양군이 눈물을 닦으며 대답했다.

"제가 낚은 저 고기들이 꼭 저를 닮은 듯하여 그만 울음이 나왔습니다."

"그게 무슨 말인가?"

"제가 처음 고기를 잡았을 때는 그 기쁜 마음이 이루 헤아릴 수 없을 만큼 컸습니다. 하지만 점점 더 큰 물고기를 연이어 잡게 되자 앞서 잡은 고기가 변변치 않게 생각되고 아끼는 마음이 사라졌습니다. 이 고기들의 처지가 마치 저와 같습니다. 특별히 아름답지도 않은 제가 왕의 은혜를 입어 잠시나마 왕의 잠자리를 돌볼 수 있었습니다만, 앞으로 천하 미인이 줄지어 몰려오면 저 같은 것은 그저 저 물고기들처럼 요리될 날만 기다려야 될 것이 아니겠습니까? 그런 생각을 하니 그만 눈물이 쏟아졌습니다."

"……."

여기서 눈물을 흘리는 처연한 용양군은 이름에서 알 수 있듯이 여자가 아니라 남자다. 안리왕 또한 남자였음은 말할 필요도 없는 일이다. 그다지 아름답지 않았던 용양군이 여러 미인들이 나타나면 더 이상 잠자리를 돌볼 수 없는 것을 염려한다는 이 고서의 이야기에서 우리는 오래전 있었던 동성애의 흔적을 느낄 수 있다. 여기서 비롯되어 '용양군'이란 말은 남자에게 성을 제공하는 사람이라는 뜻으로 흔히 동성애자를 가리키는 말이 되었다.

신라의 《화랑세기》에도 용양군이라는 말은 여러 번 나온다. 신라의 대표적인 집단, 화랑을 선발하는 기준에는 무엇보다 아름다운 외모가 포함되어 있었다. 화랑의 우두머리인 풍월주는 진골귀족 중에서 주로 이어받아 신분의 제한이 있었지만 어쨌든 화랑이 되기 위해서는 일단 외모가 수려해야 했다. 무예를 연마하고 나라를 지키는 일을 하는 화랑들을 뽑는데 왜 외모가 기준이 됐을까? 이와 관련하여 화랑들에 대한 기록인 《화랑세기》를 살펴보면 화랑 또는 왕실을 중심으로 신라 사회에 동성애, 즉 남색이 만연했음을 잘 알 수 있다.

법흥왕은 자신의 애첩 옥진궁주의 남편 '영실공'을 용양군으로 삼아 벼슬을 주고 총애하였다. 화랑인 보종 역시 공공연한 동성애자로 동성의 애인이 있어 그 정이 부부와 같았다고 전해진다. 또한 남색을 즐기는 남자들은 여자를 공유하기도 했다. 예를 들어, 옥진궁주가 여자로서 법흥왕을 섬겼다면 옥진궁주의 남편 영실공은 남자로서 법흥왕에게 색공을 하였으니, 결과적으로 법흥왕과 영실공은 옥진이라는 한 여자를 공유한 셈이 되었다. 보종과 호림 역시 두 사람이 남색관계에 있을 때 보종의 처 현강을 호림과 공유하였다.

이처럼 신라인들의 자유로운 성 문화 속에 남색은 자연스러운 풍경이었다. 보종은 동성애자였지만 주변으로부터 칭송을 받았고 훗날 당시 젊은이로서는 가장 영예로운 자리인 풍월주의 자리까지 오를 수 있었다. 또한 화랑 낭도 가운데서 가장 신망이 높았던 김유신조차 보종의 지혜를 높이 평가하여 늘 받들어 섬겼다. 그래서 유신은 나라에 큰 일이 있으면 반드시 칠성회를 열어 보종에게 그 의견을 물었다. 보종은 "나는 물고기와 새의 벗으로 국사를 어찌 알겠습니까? 오직 여러 공들의 의견을 따를 뿐"이라고 말하곤 했으나 유신은 보종의 한 마디 한 마디를 매우 중하게 여겼고 작은 의견 하나라도 허투루 여기는 법이 없었다. 지금처럼 동성애가 사회에서 멸시당하고 따돌림 받는 분위기가 아니었던 것이다.

유신공이 낭도에게 일러 말하기를 "너희들이 선을 배우고자 한다면 마땅히 보종공을 따라야 하고 나라를 지켜 공을 세우려면 마땅히 나를 따라야 할 것이다." 했다. 미실궁주가 일찍이 유신에게 이르기를 "나의 아들은 어리석고 약하니 도와주기를 바란다."했다. 유신이 답하기를 "신이 실로 어리석습니다. 형은 비록 약하나 그 도道는 큽니다. 걱정하지 마십시오."했다.

《화랑세기 (16세 보종 조)》

신라인들에게 동성애는 멸시의 대상이 아니라 선택의 대상이었다. 동성애자라고 하여 사회에서 차별을 받는 일은 전혀 없었던 것으로 보인다. 그렇다면 법흥왕이 총애한 일곱 미소년 '마복칠성'도 혹시 고대 그리스에 존재했던 것 같은 남색미소년 집단은 아니었을까? 화랑이란 이름의 시작도 법흥왕이 총애하던 미소년 '위화랑'의 이름을 딴 것이라고 한다. 우리가 삼국통일의 주역으로 알고 있는 신라 화랑의 용맹함과 기상 뒤에는 남색을 즐기는 꽃미남 집단이라는 이런 은밀한 비밀이 숨겨져 있었던 것이다. 산과 들을 활보하며 수련하고 유·불·선에 통달했다는 신라의 화랑들. 그들은 유·불·선뿐만 아니라 인간의 자유로운 욕망에 관해서도 통달을 했던 모양이다.

신라인 이야기 3

'미실'은 어떻게 세 명의 왕을 모셨나?

- 신라의 독특한 상류계층 '색공지신'

신라에서 '색신'은 전문직?

우리가 잘 아는 대표적인 색공지신왕에게 색을 바치는 신하 미실은 진흥왕, 진지왕, 진평왕 이렇게 무려 삼대의 왕에게 색공을 바쳤다. 그녀는 왕의 여자가 아니라 '왕들'의 여자였던 것이다. (왕 외에도 애인인 사다함과 설원랑, 사통관계인 동륜태자, 동생 미생 등 다양한 남자 관계가 있었다) 후궁이라면 원래 한 사람의 왕에게만 총애를 입는 것이 상식인데 어떻게 미실은 이렇게 여러 왕을 모실 수 있었을까?

이것은 미실만 그랬던 것이 아니라 신라시대의 보편적 풍속이었다. 미실과 함께 진평왕을 모신 보명궁주 역시 처음에는 진흥왕의 궁주였다가 동륜태자와 관계를 가졌고, 진평왕이 즉위하자 다시 진평왕을 모셔 총애를 받았다. 보명 역시 진흥, 진평이라는 두 왕의 여인이었고 진평왕이 오십년이 넘도록 치세하지 않았다면 또 다른 왕을 모실 기회를 가졌을 것이다. 색공지신들은 나이가 들어 아이를 낳지 못하거나 왕의 총애가 사그라질 때까지 색공을 계속 했던 것이다. 색공을 통해서 색공지신들은 자신 가문의 이름을 높였고 가족들은 부귀를 누렸다.

이런 상황은 왕후도 마찬가지였다. 폐위된 진지왕의 부인인 지도 왕후의 경우 진지왕이 폐위되자 진지왕이 죽은 것도 아니고 그저 폐위되어 갇혔을 뿐인데도 새로 즉위한 어린 진평왕을 모셔야 했다. 왕은 모든 것을 가질 권리가 있었고 왕에 대한 색공은 육체적 관계 이상의 충성이었던 것이다. 그러므로 색신은 정권이 바뀌어도 자리가 흔들리지 않는 전문직이었다.

왕에게 여자를 공급하는 '인통'이 따로 있었다

신라에는 대원신통과 진골정통이라는 인통姻統이 있었는데, 왕과 그 일족에게 여자를 공급하는 계통이었다. 대원신통의 계보는 옥진궁주까지 올라가고 진골정통은 지소태후까지 올라간다. 옥진궁주의 손녀가 미실이고 사도태후는 미실의 이모였으니 미실과 사도태후는 대원신통의 대표 주자였다. 따라서 진흥왕을 사이에 두고 사도는 왕후였고 미실은 첩이었지만 시기 질투하기보다는 대원신통의 영광과 권세를 확장하려는 공동의 목표를 위해 손을 잡았다.

대원신통과 진골정통은 자신들의 계보를 이어가며 왕에게 경쟁적으로 색공을 하고 신분이 높은 남자들과 혼인을 맺음으로써 치열하게 세를 경쟁했다. 특이할 만한 점은 대원신통과 진골정통은 철저하게 모계를 중심으로 이어졌다는 점이다.

색공은 허하고 사통은 금한다!

자유분방한 신라의 성풍속에도 엄연히 법도가 있어서, 신분이 높은 이에게 바치는 색공은 정당하고 아름다운 일로 여겼지만 사통은 엄격히 금했다. 미실의 어머니인 묘도는 법흥왕의 후궁이었는데 미진부와 사랑하는 사통의 관계가 되어 이 사실을 숨겼다. 미실 역시 동륜태자와 사통한 것을 진흥왕이 알게 될까봐 두려워하곤 했다. 신라의 여자들은 화랑들에게 몸을 바치는 것을 영광으로 알았으나, 화랑들 밑의 예졸들과 몸을 섞는 것은 사통으로 금기시되었다. 김유신의 어머니인 만명공주는 신분이 낮은 가야 후손 김서현김유신의 아버지과 사랑했으나 사통이었기 때문에 도망쳤고, 선화공주 역시 '서동요'라는 노래로 인해 사통을 한 것으로 낙인찍혀 쫓겨났다. 이렇듯 색공은 아무나 받을 수 있는 것이 아니고 색공을 바치는 것 또한 아무나 할 수 있는 일이 아닌 일종의 특권이었다. 철저한 신분제 사회의 단면을 볼 수 있다고 하겠다.

두 남자, 한 여자를 위로하다

동성애자 남편을 둔 여인을 달래 준 '염장'과 '모종'

"우리가 서로 사랑하여 남자의 몸이지만 마치 부부와도 같은 연을 맺어 한 몸이 되었으니, 나의 것이 그대의 것이고 그대의 기쁨이 또한 나의 기쁨이라. 내가 그대만을 사랑하여 나의 아내가 외로워하니 그대가 내 대신 나의 아내를 취하여 그녀를 위로하고 그대 또한 여색의 기쁨을 더욱 누리게 된다면 나에게도 더욱 큰 행복이리라."

양명공주, 동성애자인 보종을 유혹하다

막내아들 보종이 여색을 멀리하고 자신의 처 현강까지 호림이라는 남색 애인에게 떠나보내자 어머니 미실의 근심은 더욱 깊어졌다. 이때는 아직 미실이 월성에 남아 있을 때였는데 미실이 이 문제를 해결하기 위해 왕실의 공주들을 불러 모았다.

"나의 아들 보종이 여색을 알지 못해 큰 근심이다. 그러니 보종에게 여색의 즐거움을 알게 해주는 자는 내가 큰 재물을 내려 이에 보답하겠다."

"보종공은 아버지 설원공과 미실궁주님의 아들로 신국에서 가장 아름다운 남자이십니다. 그런데 어찌 여색을 모르고 사신단 말입니까?"

"신국에 보종공의 사랑을 한번 받고자 하는 여인들이 얼마나 많은데 참으로 안타까운 일입니다."

"우리 누가 먼저 보종공을 여색에 눈뜨게 하는지 내기를 하자."

미실의 이야기를 들은 젊은 궁주들이 저마다 한마디씩 하며 보종을 유혹해 보기로 마음을 먹었다. 내기를 건 궁주들이 저마다 자신만의 방법으로 보종을 유혹하려 하였으나 아무리 궁주들이 보종의 곁에 머물러도 모두가 뜻을 이루지 못했다. 이에 미실의 실망은 더욱 커졌다.

그러던 어느 날, 보명궁주가 낳은 진평왕의 딸 양명공주가 미실궁으로 달려 왔다. 양명은 어머니 보명을 닮아 선이 곱고 아버지 진평을 닮아 키가 훤칠한 신국의 미인이었다.

"미실궁주님. 제가 드디어 보종공과 합궁을 하였으니 제게 재물을 내려 주십시오."

"뭐라? 그것이 참말이냐?"

낮잠을 자고 있던 미실이 벌떡 일어나 양명에게 물었다.

"예. 제가 여러 번 보종공의 관심을 사기 위해 찾아갔지만 공은 제게 별다른 관심을 보이지 않았습니다. 공과 함께 한 방에 머물려 해도 공은 오히려 저만 남겨두고 방을 나가버리시더이다. 그런데 어제, 공이 기르시던 학이 상처를 입어 제가 그것을 치료하고 오늘 아침까지 보종공의 방에 머물렀습니다. 날이 밝아 돌아온 보종공은 제게 고마움을 표하고 답례를 하고 싶어 하셨습니다. 공이 제게 답례로 무엇을 해줄까 하더이다."

"그래서?"

미실은 눈을 크게 뜨고 물었다. 양명이 볼에 홍조까지 띠며 신이 나 말했다.

"제가 공에게 예를 갖추고 말하기를 학을 사랑하듯 저를 사랑해 주소서 했더니 공께서 잠시 아무 말이 없으시더니 옷을 벗고 누우라 하셨습니다. 공이 저를 안고 처음에는 어색해 하셨으나 제가 잘 이끌어 드리니 끝내는 기쁨을 감추지 않으셨습니다!"

"장하다, 네가 드디어 보종에게 여색을 알게 하였구나."

미실은 기뻐하며 양명에게 재물을 내리고 보종과 양명을 결혼시켰다. 그래서 양명은 보종과의 사이에서 두 딸을 낳았다. 하지만 양명이 두 딸을 낳은 후 보종은 다시 양명을 멀리하고 양명과 몸을 섞지 않았다. 보종에게는 남색 애인 염장이 있었던 것이다.

(미실)궁주가 근심하여 종실의 여자들을 모아 말하기를 "나의 아들과 친할 수 있는 사람은 상을 주겠다."고 했다. …… 보명

궁주의 딸 양명공주가 꾀를 내어 공을 유혹하여 통했다. 공이 비로소 여색을 알게 되었다. (미실)궁주가 크게 기뻐하며 이에 양명에게 큰 상을 내렸다.

《화랑세기 (16세 보종 조)》

염장과 보종, 여자를 공유하다

보종이 부제의 자리를 유신에게 물려주었고 세월이 흘러 유신이 풍월주의 자리에 오르자 유신은 염장을 부제로 삼고자 했다. 그러나 염장이 이를 물리치고 보종을 적극 추천하여 보종이 부제가 되고 염장은 보종을 보좌하는 일을 맡았다. 염장은 보종의 일을 모두 도맡아 하였다.

유신의 재임기간이 끝나고 유신이 풍월주의 자리를 부제인 보종에게 물려주자 보종이 마침내 풍월주가 되었고 보종은 염장을 자신의 부제로 삼았다. 염장은 부제로서 보종을 보좌하면서 보종이 해야 할 풍월주의 역할까지 대신 하는 경우가 많았다. 무예를 강조한 유신과 달리 보종은 화랑도 내에서도 음악과 의술, 예술을 강조하였다. 이와 같은 활동 또한 화랑들의 중요한 임무여서 보종의 아름다움과 학식을 많은 화랑들이 사모하였다. 보종은 늘 어린아이 같은 얼굴에 콩죽을 즐겨 먹고 고기를 좋아하지 않았다. 아침에 일어나면 정원의 여러 나무를 살펴보고 물고기와 학을 기르며 거닐곤 했다. 염장은 사람들에게 늘 이렇게 말하곤 했다.

"나는 세상의 어떤 여인보다 보종공의 아름다움을 사랑한다."

이처럼 보종과 염장의 애정은 날이 갈수록 더욱 깊어만 갔다. 하루는 하종의 딸인 하희가 늦은 밤 보종의 처소에 스며들었다. 하희의 아버지인 하종은 미실의 아들로 보종과는 아버지가 다른 형제였다. 보종이 인기척에 놀라 눈을 뜨자 하희가 이불 속으로 기어 들어와 보종에게 몸을 부비고 있었다. 보종이 놀라 밀어내자 하희가 일어나 앉아 울먹이며 말했다.

"제가 공의 아름다움을 사모하여 밤낮으로 공의 사랑을 구하건만 어찌하여 공은 한 번도 제게 눈길을 주지 않으십니까?"

마음이 여린 보종이 하희를 안쓰럽게 바라보며 이렇게 말했다.

"그렇다면 먼저 염장과 더불어 친할 수 있다면, 나 또한 더불어 너를 좋아할 것이다."

보종의 말을 들은 하희는 다음날 염장을 찾아가 서로 정을 통하고, 그 얘기를 들은 보종이 비로소 하희를 불러 품어 주었다. 그 후 염장은 하희를 첩으로 들여 하장, 윤장, 춘장을 낳았는데 염장은 보종을 사랑하면서도 여자도 좋아하여 거느린 첩과 서자들이 많았다. 보종은 자신을 연모하는 여인을 염장에게 먼저 보낼 정도로 염장을 생각함이 깊었다. 이러한 보종의 행동은 남색을 하는 남자들이 여자를 서로 공유하곤 하던 당시의 분위기와 무관하지는 않았다.

염장, 호모인 보종의 아내를 색으로 위로하다

보종이 염장을 아끼는 마음은 비단 하희를 같이 취한 데서 끝나지 않았다. 보종의 처 양명은 보종이 염장만을 사랑하고 자신은 멀리하자 보종에게 이렇게 불평을 하곤 했다.

"공께서는 어찌하여 염장만 살피시고 아내를 보살필 줄은 모른단 말입니까."

양명이 이렇게 화를 내 보아도 보종은 뭐라고 한마디 반박도 없이 그저 웃기만 할 뿐이었다. 양명은 날이 갈수록 남편에게 불만이 쌓여 혼자 있을 때면 이런 말로 탄식을 하곤 했다.

"왕의 딸로 태어나면 뭐하나? 세상의 즐거움은 하나도 누리지 못하거늘."

그러던 어느 날, 양명은 보종의 처소에 들어서는 길에 이런 이야기 소리를 우연히 엿들었다.

"이제 그대가 풍월주의 자리를 물려받아야 하지 않겠는가?"

보종의 목소리였다. 이어서 염장의 목소리가 들렸다.

"어차피 제가 풍월주의 일을 도맡아 하거늘 무엇 때문에 굳이 물려주려 하신단 말씀입니까? 공과 저는 한 몸이나 마찬가지입니다. 풍월주를 공께서 하시면 어떻고 제가 하면 어떻습니까?"

염장의 애정이 듬뿍 담긴 말이었다. 둘의 이야기를 들은 양명은 질투심에 화가 머리끝까지 차올랐다. 그녀는 문 밖에서 염장이 나오기를 기다리고 섰다가 염장이 나오자 은밀하게 그를 자신의 처소로 데려갔다.

"보종공께서 아내인 나보다도 그대와 더불어 더 가까우니 참으로 이상한 일이 아닌가? 나는 공주의 신분으로 그대를 사신私臣으로 삼고자 하니 마땅히 명을 받들어 나를 섬기라."

양명의 뜻밖의 명령에 염장은 놀란 표정으로 양명을 바라보았다. 양명은 왕실의 여인답게 키가 크고 가슴은 풍만했으며 백옥같이 흰 피부를 가졌다. 보종의 사랑을 받지 못해 잔뜩 골이 난 양명이 이젠 공주로서 염장에게 사신이 되라고 명을 내린 것이다. 염장은 양명공주의 명에 따라 그녀의 사신이 되기로 결심하고 양명과 정을 통하여 그동안 외로움에 힘들어 했던 양명을 색으로 위로했다. 이 소식을 들은 보종은 매우 기뻐하며 "양명의 마음이 즐겁고 내가 사랑하는 염장 또한 즐거우니 이는 나에게도 기쁨이다."라고 하였다. 이처럼 보종은 염장을 아끼는 마음이 지극하여 아내를 나누는 데에도 거리낌이 없었다. 양명은 남편의 부하인 염장을 색신으로 삼아 염장과의 사이에서 마침내 아들 '장명'까지 낳았다.

양명공주는 처음에 미실궁주를 위해 그의 아들 보종공에게 시집을 가서 딸 보라와 보량을 낳았다. 보종공이 내사를 좋아하지 않아 (보종공의) 부제인 염장공과 통하여 아들 장명을 낳았다.

《화랑세기 (22세 양도 조)》

보종, 아내의 간통을 돕다

하루는 양명이 꿈을 꾸었다. 붉은 빛에 다섯 가지 휘황찬란한 색채의 깃털이 섞인 새가 하늘로 날아오르며 힘찬 울음소리를 냈다. 새 소리가 예사롭지 않고 오음伍音을 내니 더욱 아름답고 새에게서 떨어지는 깃털에는 빛마저 서려 있었다.

"아아……."

양명은 잠에서 깨었다. 이미 해는 뉘엿뉘엿 지려고 하는데 온몸이 땀에 젖어 있고 꿈에서 본 새가 금방이라도 다시 울음소리를 낼 것 같았다.

"이건, 분명 길조다. 태몽이라."

그녀는 자리에서 일어나 보종의 방으로 달려갔다. 보종의 방에는 모종이 찾아와 먹을 갈아 그림을 그리고 있었다. 모종은 용모가 빼어나고 재주가 있어 보종이 제 몸처럼 아끼고 사랑하는 보종의 조카였다. 특히 모종은 문장이 뛰어나고 그림을 잘 그려 틈만

나면 그림 그리기를 즐기고 보종과 양명 역시 재주가 뛰어난 모종에게 그림을 배우곤 하였다. 그날도 모종은 보종과 함께 그림을 그리고 있었다.

"모종공이 오셨는가?"

"예, 작은어머니. 주무신다 하여 인사 여쭙지 못했습니다."

양명이 모종에게 인사를 한 뒤 바로 보종의 곁에 바짝 다가앉으며 말했다.

"꿈에 난새를 보았습니다."

"중국 전설에 나온다는 그 영험한 새 말인가?"

"예, 틀림없이 길몽입니다."

보종이 잠시 놀랍다는 표정을 지었다. 하지만 그것도 잠시, 바로 다음 순간 보종은 양명 옆에서 조금 물러나며 말했다.

"길조가 어찌 홀로 나에게만 있겠는가?"

보종은 이렇게 말하고 금방 잠이 들 것처럼 방 한구석으로 가 등을 보이고 돌아누워 버렸다. 양명이 안타까운 마음에 보종의 곁에 다가가 흔들어 깨워 보았지만 보종은 계속 눈을 감고 모른 척 일어나지 않았다. 양명은 이런 보종의 태도에 화가 나 팔짱을 끼고 한참을 씩씩거렸다. 그런데 그때 모종이 놀라는 소리를 냈다.

"앗!"

이때까지 두 사람을 모른 척하고 있던 모종이 먹물을 쏟았는지 옷이 검게 물들어 있었다. 양명이 혀를 차며 모종에게 다가가 동생을 어르듯 다독이고 치맛단을 들어 올려 모종의 얼굴에 튄 먹물을 닦아 주었다. 아직 여인의 손길을 경험해 본 적이 없는 모종은 갑작스런 양명의 행동에 얼굴을 붉혔다.

“닦아서는 안 되겠네. 내가 직접 빨아 줄 테니 따라 오게나.”

양명이 모종의 손을 이끌자 모종은 못 이기는 척 엉거주춤 그녀를 따라서 일어섰다. 양명은 모종을 자신의 방으로 데려와 옷을 벗기고 금세 모종의 옷을 빨아 돌아왔다. 젖은 옷을 들고 선 양명이 모종의 옷을 탁탁 털며 아랫목에 펼쳐놓았다. 양명이 옷을 펼치려 고개를 숙이자 느슨한 옷매무새 사이로 양명의 가슴골이 훤하게 드러났다. 모종은 깜짝 놀라 양명의 가슴으로 향한 자신의 얼굴을 얼른 돌려 버렸다. 그러나 양명은 오히려 그에게 다가가 두 손으로 그의 허리를 감으며 그의 나머지 옷을 벗기기 시작했다. 모종이 양명을 거부하지 않아 둘은 드디어 몸을 합했다. 모종은 이렇게 동성애자를 남편으로 둔 까닭으로 늘 외로움에 시달리는 양명을 위로해 주었고 양명은 자기보다 다섯 살이나 어린 모종을 지극히 사랑하여 그를 항상 “아우님”이라고 부르곤 했다. 마침내 둘 사이에 아이가 잉태되어 아들을 낳았다.

두 사람 사이에 아들이 태어나자 보종은 오히려 기뻐하며 그 이름을 ‘양도良圖’라고 직접 지어 주었다. 어질 ‘양’에 그림 ‘도’, 훌륭한 그림이라는 뜻이었다.

“이제 그림 실력은 아우님의 아들만한 이가 나오지 않을 것입니다."

보종은 모종을 바라보며 기쁜 표정을 지었다. 양명도 크게 기뻐하며 그 이름을 허락했다. 아들 양도는 어려서부터 총명하여 일곱 살이 될 무렵에는 어머니 양명에게 자신의 이름을 양도라 지은 까닭을 물었다. 양도는 자신의 친아버지가 모종임을 알지 못하므로 양명은 그저 이렇게만 대답했다.

"네가 그림을 잘 그리기를 바라는 마음에서 그리 지은 것이다."

이에 양도는 힘써 그림을 그렸다. 또한 양도는 양명공주가 남편 보종과 통하여 낳은 보량과 보라 그리고 양명공주가 염장과 통하여 낳은 아들 장명과도 형제로 함께 자랐다. 비록 아버지는 각각 달랐지만 보종은 이 네 아이 모두를 자신의 아들딸처럼 키웠고 네 형제의 우애도 몹시 돈독했다. 보종은 그중에서도 특히 양도를 자신의 대를 이을 아들사자, 嗣子로 정하고 많은 사랑을 쏟았다.

> 모종공이 옆에서 그림을 그리다가 갑자기 옷이 더럽혀졌다. (양명)공주가 이끌어 그 옷을 빨아 주었다. 마침내 더불어 사랑하였다. 보종공이 공주의 마음이 (조카) 모종공에게 있는 것을 알고 일부러 벼루를 발로 차서 사랑을 이루도록 한 것이다.

《화랑세기 (22세 양도 조)》

양도, 어머니의 애인을 아버지로 모시다

양도는 모종이 생부임을 모르고 모종을 항상 '숙공叔公'이라 부르며 따르다가, 마침내 장성하여 모종이 자신의 생부임을 알게 되었다.

"친아버지임을 더욱 일찍 알지 못하여 자식 된 도리를 다하지 못했습니다."

양도가 눈물을 흘리며 모종에게 말했다.

"네가 내 아들임은 틀림없지만 너는 보종공의 대를 이을 아들이니 보종공께 효를 다해야 한다. 어찌 친아버지와 양아버지를 구분하랴."

양도는 뒤늦게 알게 된 생부 모종에게 그동안 못다 한 효를 다하려 애쓰는 한편, 보종에게도 극진한 효를 다했다.

양도가 화랑으로 선발되었을 때의 일이다. 그에게는 장명양명공주가 염장과 통하여 낳은 아들이라는 형이 있었지만 그럼에도 불구하고 양도가 먼저 화랑이 되었다. 이에 양도가 형의 입장을 고려하여 우선순위를 양보하려고 하였다.

"제 위로 장명 형이 계신데 어찌 동생인 제가 먼저 화랑으로 등록하겠습니까?"

그러자 염장이 양도를 불러 타일렀다.

"형제간에 우애도 중요하지만 집안이나 나라에나 대를 이을 아들은 따로 있는 법이다. 너를 보종공께서 대를 이을 사자로 삼았으니 아버지의 뜻을 거슬러 불경을 행하는 일이 없도록 하라."

양도의 형은 장명이었고 장명의 생부는 보종이 아니라 염장이었다. 양명공주가 남편 보종의 부하인 염장을 사신으로 삼아 정을 통하여 낳은 아들이 바로 장명이었으니까 말이다. 양도는 형이 되는 장명의 생부인 염장이 굳이 이렇게 말하니 마음의 부담을 한결 덜어 낼 수 있었고 편한 마음으로 화랑이 될 수 있었다.

염장은 또한 아들 장명을 불러 말했다.

"비록 태어나긴 네가 먼저 태어났으나 보종 공께서 이제 양도를 사자로 삼았으니 너에게는 양도가 형이나 마찬가지니라. 앞으로 양도를 형에 대한 예로써 섬기거라."

장명은 생부의 명에 따라 동생 양도를 오히려 형으로 섬겼다. 그러니 양도 또한 장명을 더욱 아껴 주었다.

양도는 생부 모종에게는 친아들로서의 예를 다했고 염장에 대해서도 아버지에 대한 예로써 섬기기를 다했다. 염장은 양도의 친아버지는 아니었지만 어머니 양명공주의 사신으로서 부부처럼 몸을 섞는 관계였기 때문이다. 염장은 보종의 신하이자 남색 애인으로서 보종에게 끝까지 충성을 다하는 한편 양명공주의 사신으로 양명공주에게도 충성을 다하며 색공을 하였다. 또한 보종 집안일을 두루 보아 주었으며 재물도 취하여 사용하였다. 보종이 그렇게 허락했다.

신라 여인들의 사랑법, 사신私臣

양명공주는 보종이라는 남편이 있었지만 염장과 모종을 사신으로 거느렸고 그들과의 사이에서 자식도 낳았다. 엄연히 남편이 있는데도 다른 남자들과 관계하여 자식을 낳았을 뿐 아니라 그렇게 아내가 혼외정사로 낳은 자식들을 남편이 친자식처럼 여겨준 것이다. 지금 우리 현대인들의 시각으로는 도저히 이해가 되지 않는 모습이다. 양명공주가 두 명의 사신을 가진 것은 미실이 사신으로 설원을 거느린 것과 비슷한 경우이다. 미실의 남자 설원랑은 풍월주의 지위를 스스로 포기하고 미실과 함께 영흥사로 가 미실과 최후까지 함께하지 않았는가? 그렇다면 사신이란 무엇일까?

'사신'이란 말 그대로 사사로이 거느린 신하라는 뜻이다. 대개 외모가 수려한 젊은 화랑들이 신분이 높은 여자들의 사신이 된 경우가 많았다. 아무나 사신을 거느릴 수 있었던 것은 아니다. 이것은 오직 지배층에게만 한정된 특권으로 신분이 높은 여자들이 자기보다 신분이 낮은 남자들을 사신으로 삼거나 또한 남자들의 경우에도 마찬가지였다. 사신이 된 사람들은 자신을 사신으로 삼아준 사람에게 목숨을 바쳐 충성하는 것은 물론 사적으로 색공까지 함께해 마치 공개된 애인과도 같았다. 지금 우리가 생각하는 것만큼 양명과 염장, 모종의 사이가 부적절한 관계가 아니었다는 뜻이다. 신분의 고귀함은 어느 순간에나 당당한 것이어서 신분이 높은 여인들은 지금의 우리보다 훨씬 자유롭고 폭넓은 남성들과 사랑을 나눌 수 있었다.

신라 남자들의 결탁법, 사신私臣

사신은 여자들에게만 국한된 것은 아니었다. 남자들끼리도 신분이 높은 이가 신분이 낮은 이를 사신으로 삼아 충성을 요구하는 경우가 있었다. 폐위된 진지왕의 아들, 용춘전군도 김유신을 사신으로 삼아 결속을 다졌다. 용춘과 유신의 인연의 시작은, 유신의 아버지인 김서현까지 거슬러 올라간다. 미실과 사도왕후가 진지왕을 폐위시킴에 따라 용춘은 왕자의 신분에서 전군의 지위로 전락하였고 그 후 성장하면서 스스로의 입지를 마련하기 위해 화랑이 되어 낭도를 모았다. 이때 만난 사람이 바로 김유신의 아버지인 김서현이다.

김서현은 가야왕족의 후손으로 신라의 진골 귀족으로 편입되었기 때문에 신라 지배 계층에서는 소외된 인물이었다. 가야파인 김서현은 신라 왕실의 혈통인 김용춘을 발판으로 신분 상승의 기회로 삼고자 했다. 신라 왕실에서 소외된 김용춘과 가야 왕족으로서 신라 사회에서 출세의 한계를 가지고 있는 김서현, 두 사람이 결탁하게 된 것이다. 심지어 김서현은 자신이 부제로 승진할 수 있는 기회도 김용춘에게 양보했다.

"용춘공은 전왕의 아들이시니 마땅히 부제가 되셔야 합니다."

서현은 이렇게 부제의 자리를 양보했을 뿐만 아니라, 자신이 거느린 낭도들까지 용춘에게 넘겨주었고 덕분에 용춘은 많은 낭도를 거느리고 풍월주의 자리에 오를 수 있었다. 얼마의 세월이 흐른 후, 용춘은 서현에 대한 답례로 서현의 아들 유신을 자신의 사신으로 삼았다. 이것은 두 가문의 친분을 더욱 공고히 하는 것이었다.

"은혜에 보답하기 위해 목숨을 걸고 충성하겠습니다."

용춘과 서현 가문의 인연은 여기서 끝나지 않았고, 용춘은 용수용춘의 형의 아들 춘추를 유신에게 맡겨 유신의 부제로 삼도록 했다. 비록 춘추가 순서를 기다려 나중에 풍월주의 자리에 오르게 되었지만 유신이 춘추를 부제로 삼음으로써 길을 열어 준 셈이었다.

(612년) 유신공이 풍월주의 자리에 올랐다. 날마다 낭도들과 더불어 병장기를 만들고 궁마를 단련했다. 용춘공이 이에 사신으로 발탁했다. 공은 나라의 은혜에 보답하는 데 시석을 피하지 않기로 맹세를 하고 따랐다. 용수공 또한 그 아들을 맡겼다. (유신)공은 크게 기뻐하며 "우리 용수공의 아들은 삼한의 주인입니다."했다.

《화랑세기 (15세 유신공 조)》

김용춘 집안과 김서현 집안은 모두 진골 귀족이었지만 김용춘 집안이 진지왕의 후손으로 왕실에서의 입지가 김서현의 가문보다 좋았다. 이에 김서현은 용춘에게 충성을 다해 관계를 돈독히 하고 용춘은 김서현의 아들 유신을 사신으로 삼고, 유신은 용춘의 형인 용수의 아들 김춘추를 부제로 삼아 두 집안의 관계를 더욱 공고히 하였다. 이는 단순히 개인적인 사신 관계가 아니라 용춘과 서현 두 가문의 결탁을 보여 주는 것이다. 삼국 통일의 주역, 김유신과 김춘추의 인연은 정치적 목적에서 비롯된 결탁이었다.

누나를 아내로 맞이하다

아내의 부정까지 눈감아 준 마음 약한 공처가 '양도'

"내가 나이가 많아서 싫은 거냐? 내가 너를 잠시라도 사랑하지 않은 적이 없는데, 너는 누나로서만 섬기고 존경하니! 내가 불상이라서 절만 하느냐, 신궁의 신상이라서 공경만 하느냐? 너는 듣지도 못했느냐, 백 말의 공경은 한 되의 사랑만 못하다는 것을! 부부 사이에 공경은 무슨 공경! 나는 사랑이 필요하다. 너는 나를 사랑하지 않는 거냐?"

어찌 친누이와 결혼하란 말입니까

양명과 보종 부부가 딸 보량의 방에 함께 앉아 있었다. 보량이 식음을 전폐하고 앓아 누운 지 벌써 며칠 째였기 때문이다. 보량은 양명과 보종 부부의 딸이었다. 어머니 양명은 보명궁주와 진평왕 사이에서 태어난 딸이었고 아버지 보종은 미실궁주와 설원 사이에서 낳은 아들이었기에 두 부부의 딸 보량 역시 신라사회에서 매우 고귀한 혈통이었다. 양명과 보종은 그런 보량을 진평왕의 후궁으로 들여보내 왕의 총애를 입게 하였다. 현대의 시선으로 본다면 외할아버지의 후궁으로 들어간 셈이었으나 당시로서는 지극히 자연스러운 일이었다. 그러나 왕의 각별한 총애를 입은 것이 화근이었다. 진평왕의 두 번째 왕후인 승만왕후가 보량을 질투하여 궁에서 쫓아낸 것이다.

"마야왕후가 죽고 두 번째 왕후가 되신 승만왕후께서 네가 왕의 총애를 받는 것을 투기하니 우리로서도 방법이 없구나. 보량아, 이제 그만 마음을 풀거라."

아버지 보종이 말했다.

"그래, 그만 마음을 풀고 다른 곳으로 시집을 가도록 해라."

어머니 양명이 안쓰러운 표정으로 말하자 보량이 갑자기 벌떡 일어나 앉았다.

"왕이 아니라면 나는 어머니의 아들에게 시집을 가고 싶습니다!"

"아들? 아들이라면 누구를 말하는 것이냐? 장명이냐 양도냐?"

보종이 물었다.

"아버지가 대를 이을 사자로 삼은 양도지 누구긴 누굽니까?"

보량이 이렇게 소리를 빽 지르고 다시 자리에 누워 등을 돌려버렸다.

양명은 딸 보량을 어루만지며 보종에게 말했다.

"만약 보량과 양도를 배필로 맺어 준다면 당신의 혈통을 이은 자식을 얻을 수 있지 않겠습니까?"

양도는 대를 이을 아들로 정하였으나 사실은 보종의 친아들이 아니었고 보량이야말로 보종의 피를 받은 친 딸이니 두 남매를 짝으로 맺어준다면 보량의 몸을 통해 양도가 진정으로 보종의 대를 이을 수 있게 되는 것이었다. 이에 보종이 찬성하고 진평왕도 허락하였는데 정작 양도 본인이 내켜 하지 않았다.

"어릴 때부터 한 집에서 자란 누이와 어찌 결혼을 하겠습니까? 저는 동기간에 결혼을 하는 풍습을 좋게 여기지 않습니다."

양도의 말에 양명이 화를 냈다.

"보량이 너를 연모하여 너에게 마음을 주었건만 너는 어찌 네 누이에게 이리도 냉담하게 군단 말이냐?"

"제가 누나를 사랑하지 않는다는 말이 아니라 그저 동기간에 결혼하는 풍습에 대해서 좋지 않게 생각한다는 것뿐입니다."

"신라의 근친혼은 예부터 내려온 풍습이거늘 어찌 제 나라의 풍습을 하찮게 여긴단 말이냐?"

양명이 책망하니 양도는 말없이 고개만 숙였다. 어머니의 꾸중에 감히 대들 수 없었기 때문이다. 신라의 근친혼은 당시로서도 신라만의 풍속으로 고구려 백제와도 다르고 중국에서도 유례가 없어 타국에서는 신라의 근친혼을 가리켜 오랑캐 풍속이라고 여겼다.

"말해 보아라. 어찌 하겠느냐?"

양명이 쐐기를 박으려 하자 양도가 하는 수 없이 결심한 듯 입을 열었다.

"제가 오랑캐의 풍속을 따르면 아버지, 어머니, 누나가 모두 좋아할 것이지만, 중국의 예를 따르면 모두가 나를 원망하고 슬퍼할 것입니다. 가족을 슬프게 하느니 차라리 오랑캐가 되겠습니다!"

양도의 말을 듣자 양명은 그제야 얼굴에 미소를 띠며 아들의 어깨를 쓰다듬었다.

"참으로 장하다. 신국에는 신국의 도가 있다. 어찌 중국의 도로써 하겠느냐!"

이에 양도는 친누나인 보량을 처로 삼아 양효를 낳으니 어린 아들 양효에게는 외할아버지가 친할아버지와 같은 사람이고, 외할머니가 친할머니와 똑같으며, 이모가 고모가 되고, 외삼촌이 친삼촌과 같았다. 하지만 이런 모습은 신국의 도를 따르는 신라의 사람들에게는 지극히 자연스러운 모습이었다. 또한 보량이 진평왕에게 색공을 하다가 집으로 돌아와 다른 집안과의 혼사를 논의한 것으로 보아 당시에는 여자가 혼인을 할 때 무조건 처녀여야 된다는 의식은 없었던 것으로 보인다. 오히려 신분이 높은 이에게 색공을 하다 왔으니 영예였을 수도 있다. 이는 조선시대였으면 상상도 할 수 없는 일이었을 것이다.

누이 보량이 평소에 (양도)공을 사랑하여 다른 곳으로 시집가기를 원치 않았다. (아버지) 보종 또한 (남매가 결혼하기를) 원했다. (양도)공은 본디 동기간에 서로 결합하는 풍습을 싫어하여 따르지 않았다. 보량이 그 때문에 병이 났다. …… 이에 보량을 처로 삼아 아들 양효를 낳았다.

《화랑세기 (22세 양도 조)》

부부 사이에 공경은 무슨 공경, 사랑이 최고지

남동생을 연모하여 억지로 양도와 결혼한 보량이었지만 보량의 행복은 오래가지 않았다. 동생 양도가 보량을 어려워하여 잘 찾지 않더니 양효를 낳은 이후로는 아예 발길을 끊어 버린 것이다. 요즘 말로 하면 흔히 말하는 섹스리스 부부가 된 것이었다. 보량은 도통 양도의 속을 알 수가 없었다. 평소 양도는 한 번도 보량의 말을 거스르거나 무시한 적이 없고 늘 다정하고 살뜰하게 챙겨 주었다. 요즘 말로 하자면 양도는 무척 젠틀한 남자였기 때문에 보량은 양도가 자신을 싫어하는 것 같진 않았다. 그런데 유독 양도가 함께 밤을 보내는 것을 싫어하니 보량은 이렇게 속절없이 세월만 보내야 한다는 사실에 화가 났다. 뭔가 변화를 꾀해야 한다고 결심하고, 보량은 자신이 먼저 적극적으로 나서 보도록 했다.

"우리 함께 이야기를 나눠본 지도 한참인데 오늘은 같이 술이나 한 잔 하시게."

하루는 보량이 양도가 밤늦도록 책을 보고 있는데 그의 방으로 술상을 들여갔다. 양도는 약간 당황하는 눈치였으나 이내 잔잔한 미소를 지으며 책을 거두고 누이, 아니 아내 보량과 얼굴을 마주 보고 앉았다. 한두 잔 술을 마시며 취기가 오르니 보량이 취기를 핑계 삼아 이렇게 얘기했다.

"우리는 남매였다가 부부가 되었으니 이제는 마주 보는 것이 아니라 곁에 와 가까이 앉는 것이 마땅하지 않은가?"

보량이 양도의 곁으로 바짝 다가앉으며 양도에게 몸을 기대자 양도는 깜짝 놀라며 그녀를 바로 세웠다. 보량은 끝까지 자신을 멀리하는 양도에게 화가 머리끝까지 치솟았다.

"너는 내가 나이가 많다고 사랑하지 않느냐? 너와 내가 같이 산 지 벌써 삼년이고 훌륭한 아들을 낳아 우리 부모가 기뻐하셨다. 또한 내가 너를 사랑하지 않은 적이 잠시라도 없는데 너는 나를 한결같이 누나로만 여기고 공경만 하다니, 내가 쇠로 만든 사람이냐 아니면 돌로 만든 신상이냐. 쇠붙이도 아니고 돌상도 아닌데 공경은 무슨 공경이냐?"

"……."

양도는 차마 누이에게 화도 내지 못하고 가만히 듣고만 있었다.

"말을 좀 해보아라. 내가 금불상이라서 절만 하느냐, 신궁에 있는 신상이라서 공경하느냐? 너는 듣지도 못했느냐? 백 말의 공경은 한 되의 사랑만 못하다는 것을! 부부 사이에 공경은 어디다 쓰겠느냐. 부부에게는 공경이 아니라 사랑이 필요하다. 너는 나를 사랑하지 않는 거냐?"

이윽고 보량의 눈에 눈물이 고였다. 분하기도 하고 서럽기도 하고 여자로서 자존심도 상했다. 양도는 보량의 말을 들으며 미안한 마음이 들기도 하고 누나의 모습이 안쓰럽기도 하여 어깨를 감싸 안아 주었다. 양도의 품에서 보량이 눈물을 흘렸다.

"같은 굴에서 생사를 함께 하는데 어찌 사랑을 하지 않겠습니까? 다만 제가 듣기로는 큰 사랑은 공경하기를 신과 같이 하고 작은 사랑은 희롱하기를 옥玉과 같이 한다고 했습니다. 저는 큰 사랑으로써 그대와 함께 하기를 원할 뿐, 그대를 누나로 생각하여 그런 것이 아닙니다."

양도가 보량의 눈물을 닦아 주었다. 보량은 양도의 말을 듣고 더 이상 양도를 괴롭히는 것이 의미가 없다는 것을 알았다. 양도는 육체적인 사랑보다 진실한 마음으로 그녀에게 최선을 다하고 있었기 때문이다. 보량은 부끄러운 마음이 들기도 하고 양도의 뜻도 존중하여 이렇게 말했다.

"미안하다. 내가 생각이 짧아 너의 마음을 오해하였다. 앞으로는 이런 식으로 너를 괴롭히지 않겠다."

이에 보량은 양도를 극진히 섬기고 한겨울이나 한여름에도 반드시 몸소 음식을 장만하여 남편의 입맛에 맞추었다. 양도가 조금만 아프거나 병에 걸려도 보량은 늘 걱정하고 정성을 다하여 주변으로

부터 칭송이 많았다.

…… 보량은 스스로 부끄러워 사과하고 (양도)공을 섬기기를 임금과 같이 하며 감히 외설스런 일로써 공 앞에서 희롱하지 않고 말하기를 "나의 지아비는 천하의 훌륭한 사람이다. 여자가 되어 이러한 사람을 섬기다 죽으면 더 큰 영광이 없다."했다. 늘 보도를 지니고 다니며 따라서 죽을 뜻을 품고 있었다.

《화랑세기 (22세 양도 조)》

젊은 부인을 새로 들여야

이런 보량의 극진한 내조 덕분이었을까? 637년, 양도는 화랑도의 우두머리 풍월주의 자리에 오르게 되었다. 양도가 풍월주가 되자 보량은 자연히 화주花主가 되었다. 풍월주의 아내는 그 당시 '화주'라 불렸는데, 화주는 화랑도 내에서 맡아 처리해야 할 업무가 있었다.

"낭군이 풍월주에 올라 경사가 났건만 내가 화주를 맡기에는 나이가 많으니 아쉬움이 크지 않은가. 차라리 나이가 어린 능보를 화주로 삼는 것이 어떻겠는가?"

보량은 남편인 양도보다 다섯 살이나 많아 당시 서른세 살이었다. 풍월주의 아내 화주로는 나이가 많아 차라리 젊은 부인을 새로 들여 화주로 세울 것을 제안한 것이다. 능보는 보량이 거느리고 있던 하녀 중 한 명이었다. 하지만 양도가 이렇게 말했다.

“아버지의 친아들도 아닌 내가 아버지의 대를 이어 통을 얻었을 뿐이고, 진골정통은 오히려 그대에게 있다. 그대가 화주가 아니면 어찌 내가 감히 풍월주가 될 수 있겠는가?”

당시 풍월주가 되기 위해서는 진골 귀족이어야 했고 화랑도 내에서 진골정통이니 대원신통이니 하는 모계 혈통에 따라 그 세를 겨루었다. 시간이 지날수록 부계에 따른 가야파의 세력도 커지긴 했지만 모계에 따른 계파는 여전히 중요한 세력임에 틀림없었다. 보량의 어머니는 양명이었고 양명의 어머니는 보명궁주였고 보명궁주의 어머니는 진골정통의 우두머리였던 지소태후였으니, 보량은 진골정통이었다. 양도가 이렇게 자신을 높여 주자 보량은 기뻐하며 화주의 자리를 기꺼이 받기로 했다.

얼마 후, 화랑의 법도에 따라 양위식이 거행되고 양도는 전 풍월주인 선품공으로부터 인부와 부서, 검장을 물려받았다. 보량 또한 양도와 함께하여 여러 화랑과 낭도들의 축하를 받았다. 풍월주의 자리에 오른 후 양도는 집에서 하듯 보량을 섬겨 화랑도의 일도 많은 부분을 보량에게 위임했다. 이런 양도의 행동에 보량은 크게 기뻐했지만 화랑의 낭도들에겐 얼마간의 원성을 듣기도 했다.

말 탄 사람 토기-주인(위), 말 탄 사람 토기-하인(아래)

말 탄 사람을 나타내는 두 개의 토우가 경주 금령총에서 출토되었다.
호화스러운 차림이 주인이고 차림새가 엉성한 토우가 하인이다.
철저한 신분제 사회였던 신라에는 사람의 복식과 말의 장식 등으로
신분을 구별할 수 있었고, 같은 화랑도 안에서도 지위가 달랐다.

(양도)공이 풍월주가 되자 스스로 색이 쇠했다고 생각하여 능보를 뽑아 화주로 삼으려 했다. 공이 허락하지 않고 …… 보량은 기쁘게 화주의 지위에 올랐다. 공은 낭정을 보량에게 많이 맡겼으나 큰일은 스스로 맡았다. 그것을 알지 못하는 자들은 화주가 집정한다고 생각했지만 공은 실제로 큰 낭정을 결정했다.

《화랑세기 (22세 양도 조)》

남편에게는 존경을, 애인에게는 즐거움을

"풍월주 어른께서 일이 늦어진다 하십니다."

하루는 양도의 부하인 낭도 찰의가 양도의 집으로 와 보량에게 남편의 귀가가 늦어짐을 알려 주었다. 아직 해가 중천에 떠 있어서 보량이 남편의 귀가를 기다릴 시간도 아니었지만 찰의가 굳이 보량의 집에 찾아온 것이었다. 찰의는 눈 꼬리가 살짝 올라가고 목소리가 고와서 마치 여자처럼 교태스러웠다. 그가 사람을 대할 때는 항상 상냥하고 붙임성이 있어 누구하고나 쉽게 친해지는 한편, 어른의 비위도 잘 맞추는 재주가 있어 양도가 그를 곁에 두고 총애하였다.

"찰의 너는 이런 시간에 자리를 비워도 되는 게냐?"

"예, 허락을 받고 나왔습니다. 양도 어른께서 부제인 군관공과 함께 나가셨는데 많이 늦는다고 집에 전갈을 넣으라 하셔서 아랫

사람을 보내기보다 제가 직접 왔습니다."

찰의가 고개를 살짝 들어 보량을 쳐다보았다. 보량은 낮잠을 자다가 나왔는지 옷매무새가 흐트러져 있었다. 찰의의 시선이 보량과 마주쳤다. 보량은 찰의가 자신을 뚫어지게 쳐다보자 조금 민망하였으나 그리 싫지 않았고 찰의가 왠지 남자로 느껴졌다. 찰의는 사람의 비위를 잘 맞추고 늘 상냥하여 함께 있으면 기분을 좋게 만들어주는 남자였다. 찰의를 살펴보던 보량이 갑자기 이런 말을 던졌다.

"나의 남편은 천하에 훌륭한 사람으로 그런 이를 남편으로 섬기는 것이 참으로 큰 영광이다만……."

"……?"

"마치 도인이나 다름없어 사는 게 지루하기 짝이 없으니……. 휴우……."

보량은 마치 혼잣말을 하듯 중얼거렸다. 그리고 슬쩍 기지개를 켜고 하품을 하는 척하더니 또 말을 흘렸다.

"오늘따라 하인들도 내일 손님 맞을 준비가 바쁜지 한 명도 보이지 않고, 날이 왜 이렇게 더운지 땀이 줄줄 흐르는구나. 아이, 더워라. 왜 이렇게 더울꼬."

보량은 가슴팍의 옷섶을 쥐고 흔들며 덥다는 시늉을 했다. 흐트러진 옷깃 사이로 그녀의 가슴 한쪽이 훤히 보였다. 평소에도 그녀를 관심 있게 바라보던 찰의가 넋을 놓고 쳐다보았다.

"네가 이리 와서 부채질을 좀 해주지 않으련?"

그녀는 살짝 웃음을 흘리며 방으로 냉큼 들어가고는 방문을 활짝 열어둔 채 자리에 누웠다. 찰의가 주변을 돌아보니 아무도 없었다. 찰의는 잠시 망설이다 조용히 보량의 방에 따라 들어가 방문을 잠그고 보량 곁에 다가갔다. 찰의가 바로 가까이까지 가자 자는 척 눈을 감고 있던 보량이 냉큼 돌아누워 찰의의 품으로 파고들었다.

"너무 훌륭한 남편을 둬서 내가 통 재미가 없구나, 찰의야……."

몸이 후끈 달아오른 찰의는 보량의 말에는 대꾸도 않고 그녀의 가슴팍으로 덥석 손을 집어넣었다. 보량은 남편의 큰 사랑을 받고 평생 남편을 공경하며 살기로 마음을 먹었으나 역시 그것만으로 여인의 행복을 다 가질 수는 없었던 모양이다. 찰의와 보량의 숨소리가 점점 거칠어졌다.

아내의 외도를 허락하다?

양도가 처음 풍월주가 되었을 때는 염장의 아들 윤장을 부제로 삼았다. 하지만 윤장은 색을 지나치게 밝혀 여자들의 말에 따라 화랑도 내 낭정화랑도의 조직이나 그 운용을 말함의 일을 사사로이 판단하는 일이 많아 부제의 자리에서 물러나야만 했다. 양도는 다시 군관을 부제로 삼고 화랑도의 기강을 바로잡아 나갔다. 하지만 보량과 정을 통하고 양도의 총애까지 받고 있는 찰의가 문제였다. 찰의는 날이 갈수록 방자해지고 제멋대로 행동하여 평소 주색을 멀리하고 올곧은 성품을 지닌 군관과 자주 부딪혔다.

"너는 어찌하여 낭정의 일을 내 허락도 없이 처리하고, 풍월주인 양도공이나 나에게 보고하지 않느냐?"

찰의는 뻔뻔스런 얼굴로 대답했다.

"아이고, 부제님. 제가 부제님께 말씀드린다는 것을 깜빡 했네요. 그러나 이 정도의 일을 제가 처리함은 어제 오늘의 일이 아니고 윤장 부제가 계실 때도 그리 했으니 무방하지 않겠습니까?"

이에 군관이 크게 화를 내며 말했다.

"네가 온갖 교태와 아양으로 사람을 속여 넘기더니 이제는 감히 나에게까지 시치미를 떼는 것이냐!"

군관이 노하여 칼을 뽑자 찰의는 몸을 피해 들어가 문을 잠가 버리고 군관은 화가 나서 호통을 쳤다.

"어서 밖으로 나오지 못하겠느냐?"

한바탕 난리가 벌어졌을 때 보량이 이 소식을 전해 듣고 헐레벌떡 뛰어왔다.

"군관, 이 아이를 죽이면 그 해가 우리 부부에게 끼치지 않겠는가! 노여움을 거두시오."

보량이 군관에게 애원하듯 말했다. 평소 양도에게 충성을 다하는 군관은 보량의 말을 무시할 수 없어 다시 칼을 칼집에 집어넣었다. 찰의가 군관에게 된통 혼이 난 이후로 낭정 일에 제멋대로 간섭하는 일이 줄어들자, 사람들이 모두 통쾌히 여겼다.

사실 양도 역시 아내인 보량과 찰의가 내통하고 찰의가 날로 방자해짐을 모르지 않았으나 정이 많고 우유부단한 성격이라 모른 척하고 있을 뿐이었다. 남편이 알고도 굳이 묻지 않으니 보량과 찰의와의 관계는 오히려 공공연히 허락받은 관계였다고나 할까? 물론 양도 역시 보량만을 멀리 했을 뿐 여자를 좋아해서 화랑도 내에서 낭두화랑 밑에서 낭도들을 관리한 중간 계층의 처들을 통해 많은 자손을 거느렸다.

> (양도)공은 실제로는 색을 좋아하여 낭두의 처들이 공의 아들을 많이 낳았으며 폐신嬖臣 찰의가 (아내인) 보량을 범하는데도 금하지 않았다.
>
> 《화랑세기 (22세 양도 조)》

신라인들의 혼인 풍속, 근친혼

보량과 양도의 부부관계를 보면서 우리는 신라의 묘한 결혼풍속도를 발견한다. 그것은 바로 '근친혼'이다. 앞서 지소태후의 이야기에서 우리는 지소태후가 작은아버지와 결혼한 예를 보았다. 보량과 양도의 경우는 더욱 가까운 사이어서 두 사람은 아버지만 다를 뿐 한 어머니의 배에서 태어났고 한 집에서 자란 친남매간이다. 이런 친남매 간의 결혼이 당시에는 이상한 일도 희귀한 경우도 아니어서 양도의 부모 양명공주와 보종이 오히려 양도에게 누이와의 결혼을 강하게 권하는 것을 볼 수 있다. 다만 22대 풍월주인 양도가 동기간의 결혼을 꺼리는 모습이 있는 것을 보면 점점 중국의 풍속이 신라에 들어오기 시작한 것을 알 수 있다. 신라의 혼인 풍속에 대해 중국에서도 이상스럽게 여겼고, 신라인들 또한 스스로 부끄럽게 여기기 시작한 것이다.

양도보다 먼저 풍월주를 지낸 예원공은 중국을 의식하여 신라의 혼인 풍속을 고치려 했으나 뜻을 이루지 못했고, 오히려 아들이 사촌누나와 결혼하려 하자 크게 화를 내고 반대하다가 부득이하게 허락한 일이 있었다. 그러나 얼마 후 아들이 사촌누나와 결혼하여 아들을 낳자 크게 기뻐하며 다시는 신라의 혼도를 논하지 않았다고 전해진다. 이때 태어난 아기가 바로 《화랑세기》의 저자 김대문이다. 신국에는 신국의 도가 따로 있으니 어찌 중국의 예로써 논하겠느냐는 양명공주의 말처럼 신라 사람들에게는 그들만의 질서가 있었던 것이다.

(당나라에 들어갔을 때 예원)공은 우리나라의 혼인의 도를 부끄럽게 여겨 신의 뜻에 따른다고 대답하고 돌아와 의논하여

고치려 했으나 관습이 오래되어 고치기 어려웠다. 항상 걱정했다. 자손들에게 다시는 나쁜 풍속을 따르지 말라고 훈계했다. 공의 아들 오기공이 사촌누나를 아내로 맞이했다. 공이 노하여 보지 않았다. …… (손자) '대문'을 낳자 기뻐하며 …… 마침내 다시는 혼도婚道에 대하여 말하지 않았다.

《화랑세기 (20세 예원 조)》

중국 문물의 영향을 받기 시작하면서 양도와 예원처럼 근친혼에 대해 부정적인 사람들이 일부 생겨나긴 했지만 여전히 신라의 근친혼은 지금 사람들이 생각하는 것처럼 패륜적인 혼인이 아니라 신분과 혈통을 이어 나가는 소중한 혼도였음이 분명하다. 신라인 김대문이 쓴 《화랑세기》에는 사백여 명의 인물들이 나오는데 그들의 가족관계를 보면 어떤 식으로든, 윗대이든 당대이든 다음대이든, 외가 쪽으로든 친가 쪽으로든 연결되는 것을 볼 수 있다. 어찌 보면 신라 사람들은 모두가 한 가족인 것처럼 혈연으로 연결되어 있을 만큼 근친혼이 일반적이었다.

골품제를 주축으로 철저한 신분제 사회였던 신라에서 근친혼은 신분에 기초하여 사회적 정치적인 지위를 유지하는 필연적인 하나의 방편이었던 것이다. 이처럼 신라의 극심한 근친혼은 고구려 백제와는 판이하게 다른 것으로서 오히려 이집트나 잉카의 왕실에서 성행했던 남매간의 근친혼을 판박이처럼 닮아 있어서 놀라울 뿐이다.

제3부

신라를 뒤흔든 아내들의 스캔들

누가 그녀들에게 정절을 요구하는가?

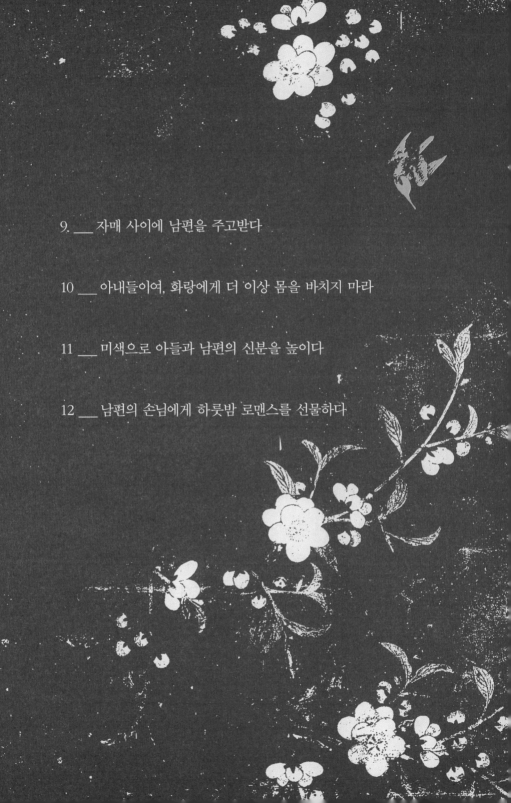

9. ___ 자매 사이에 남편을 주고받다

10 ___ 아내들이여, 화랑에게 더 이상 몸을 바치지 마라

11 ___ 미색으로 아들과 남편의 신분을 높이다

12 ___ 남편의 손님에게 하룻밤 로맨스를 선물하다

자매 사이에 남편을 주고받다

언니의 두 남편을 빼앗은 한반도 최초의 여왕 '선덕'

"첫 번째 남편인 용수도 왕실의 영화를 위하여 동생 선덕공주에게 바쳤건만 두 번째 남편인 용춘 또한 빼앗아 갔다가 뒤늦게 돌려주니. 친동생이 어찌하여 언니의 가슴을 이리도 찢어 놓는단 말이냐. 용춘을 빼앗겼다가 돌려받은 것처럼 용수 또한 돌려받아야 마땅하건만 그는 이미 세상을 떠나버리고 그가 남긴 내 아들 춘추만이 남아 있구나."

천명공주, 오촌당숙에게 시집 가다

열세 살에 왕위에 올랐던 진평왕은 신라에서 가장 오래 치세를 한 왕이다. 579년에 등극하여 632년에 죽을 때까지 50년이 넘는 세월 동안 왕좌에 있었다. 초기에는 사도태후나 미실 등의 기세에 눌려 제 소리를 내지 못했지만, 곧 이들은 세월의 흐름에 따라 나이가 들어 뒤로 물러나고 그는 장성하여 홀로서기를 했다. 그런 그에게 가장 결정적인 약점은 바로 아들이 없다는 것이었다. 딸도 아버지의 재산을 물려받을 정도로 여권이 높았던 신라였지만 그래도 왕에게 아들이 없다는 것은 실로 심각한 문제였던 것이다.

"남자는 용숙龍叔만한 사람이 없습니다."

어느새 여인의 풍모를 자랑하는 맏딸 천명공주가 어머니 마야왕후에게 말했다. 천명은 사실 용춘전군을 마음에 두고 있었다. 하지만 마야왕후와 진평왕은 용춘을 '용수'로 오해하고 용수를 사위로 점찍었다. 용수는 천명의 아버지 진평왕과 사촌형제 간이었고 천명에게는 오촌당숙이었다. 아들이 없는 진평왕은 용수의 인품을 높이 사 용수를 사위로 맞이하여 왕위를 물려줄 마음까지 먹고 있었다. 하지만 용수가 이렇게 말했다.

"왕께서 아직 강건하신데 혹여 왕께 후사가 생기면 분란이 있을까 염려되어 뜻을 받들지 못하겠나이다."

선불리 양위 문제를 고려하였다가 후에 왕에게 아들이 생기면 큰 문제가 생길 것이라는 뜻이었다. 그러나 왕은 자신의 뜻대로 용수를 천명공주와 결혼시켜 사위로 삼았다. 전왕의 맏아들인 용수가 진평왕의 맏딸 천명과 결혼했으니 비록 용수가 아버지 진지왕이 폐위되어 왕자의 신분을 박탈당했다고는 하나 온전한 성골 신분의 남자가 왕실에 거의 없는 당시로서는 가장 왕실의 성골 혈통에 가까운 남자였다. 하지만 천명은 그다지 만족스럽지 않았다. 천명이 결혼하고 싶은 사람은 사실 용수가 아니라 그의 동생 용춘이었기 때문이다. 천명은 용춘을 사모하는 마음을 가눌 길 없어 은밀히 용춘을 찾아가 말했다.

"제가 본디 그리워한 것은 용춘전군이십니다."

용춘전군은 조금 당황스러웠지만 점잖게 대답했다.

"집안의 법도가 엄연히 장자가 귀한 것인데 신이 어찌 감히 형과 같겠습니까?"

하지만 천명공주는 용춘을 더욱 사랑하여 진평왕을 통해 용춘의 지위를 높여 주도록 힘썼고 남편 용수조차 그 사실을 알고는 공주를 용춘과 연결해 주려 했으나 용춘은 애써 사양했다.

"제가 어찌 형의 여인과 합하겠습니까. 저는 오직 형을 공경하는 마음으로 삼가겠습니다."

이에 마야왕후는 궁중에서 연회가 있을 때면 용춘으로 하여금 공주를 모시도록 해 위로하였다. 사실 진평왕과 마야왕후는 딸 천명이 용춘을 사모하고 있던 것을 알았으나 용춘은 장자가 아니었던 까닭에 천명을 장자인 용수와 결혼시킬 수밖에 없었던 것이다.

> (진평)대왕은 적자가 없어 용수전군을 사위로 삼아 왕위를 물려주려고 했다. …… 마침내 전군을 사위로 삼으니 곧 천명공주의 남편이다.
>
> 《화랑세기 (13세 용춘 조)》

천명, 선덕에게 왕위를 양보하다

아들이 없는 진평왕은 사위 용수에게 왕위를 물려주어야겠다고 마음을 먹었다. 하지만 어느 날부턴가 둘째 공주인 선덕이 눈에 들어오기 시작했다. 어려서부터 총명하고 활달함이 남달랐지만 선덕이 둘째 딸인 까닭에 왕위 계승 서열에는 올려놓고 있지 않았는데 갈수록 그 자태와 위용이 왕위를 물려받을 만했다.

"선덕의 자태와 위용이 과연 왕위를 이을 만하여 내 선덕에게 양위를 하려고 한다. 하지만 하늘 아래 어찌 두 개의 태양이 있을 것이며, 월성에 어떻게 왕위계승자가 두 사람이 있겠느냐? 네가 출궁을 하여 선덕이 보위를 이을 수 있도록 하는 것이 이 아비에 대한 효도요, 나라를 위한 길이다."

왕위보다는 여자로서의 행복을 더 추구했던 천명은 왕의 말에 순종하여 월성을 나갔다. 당시 신라의 모든 성골은 월성 내에 모여 살았으므로 성을 나간다는 것은 곧 신분을 포기한다는 의미가 되었다. 옛날 진흥왕의 두 번째 왕후 숙명이 이화랑과 사랑에 빠져 월성의 담을 넘은 것은 이미 모든 신분적 특권을 버린다는 뜻이었다. 천명 역시 성골의 신분을 과감히 버리고 왕위 계승권을 선덕 공주에게 양보한 셈이었다.

선덕은 본격적으로 왕위 계승을 위한 준비에 들어갔다. 첫 번째 준비는 먼저 자손을 보는 일이었다. 신라에서는 여자라도 아버지를 이어 왕위 계승권을 가질 수는 있었지만 선덕 다음으로 왕위를 이을 왕자가 없었다. 선덕이 왕이 된다고 하더라도 아들이 필요했다. 선덕이 왕위 계승을 준비하기 시작한 시기는 이미 선덕의 나이가 적지 않았기 때문에 진평왕은 일을 서둘렀다. 이에 선덕이 왕에게 말했다.

"용춘전군이 고매하여 능히 저를 보필할 수 있다고 생각합니다."

용춘은 천명의 남편 용수의 동생이었다. 왕도 그렇다고 여겨 용춘에게 의견을 물었으나 용춘은 이렇게 대답했다.

"선덕공주께서는 빼어난 총명함에 대담한 기백까지 있으시니 제가 감히 감당하지 못하겠나이다."

하지만 용춘의 사양에도 불구하고 진평은 용춘에게 선덕을 받들도록 했다. 하지만 이런 소식에 가슴이 아픈 한 사람이 있었다. 그는 바로 선덕의 언니 천명이었다. 동생을 위해 모든 것을 양보했는데 이제 사랑하는 용춘마저 동생에게 색공을 하러 들어간다니, 언니 천명은 속에 불이 붙는 것 같았다. 그러나 왕이 색공을 명했으니 어쩔 수 없는 일이었다. 신라에서는 왕의 명이 있으면 남편이 있는 여인들까지도 색공에 응해야 했으니 피할 수 없는 일이었다. 관례에 따라 포석정이 있는 포사에서 길례를 행하고 선덕이 용춘을 받아들였으나 시간이 지나도 잉태가 되지 않았다.

선덕공주가 점점 자라자 용봉의 자태와 태양의 위용이 왕위를 이을 만했다. 그때는 마야왕후가 이미 죽었고 왕위를 이을 아들이 달리 없었다. 그러므로 진평왕은 천명공주에게 그 지위를 양보하도록 권했고 천명공주는 효심으로 순종했다. 선덕은 용춘공이 능히 자기를 도울 수 있다고 생각하여 사신이 되기를 청했다. 대왕이 공주의 뜻을 받들도록 명했는데 선덕은 총명하고 지혜로웠으며 감정이 풍부했다. 공이 감당하지 못할 것을 알고 굳이 사양했으나 어쩔 수 없이 받들게 되었는데 과연 자식이 없었다.

《화랑세기 (13세 용춘 조)》

천명공주와 선덕공주, 한 남자를 필요로 하다

선덕이 왕위를 이을 아들을 필요로 했으나 선덕이 임신이 되지 않은 것이 모두의 불행이었다. 그것은 무엇보다 후사를 간절히 원했던 진평왕의 불행이었고 천명의 불행이었다. 왜냐하면 용춘으로부터 후사를 얻지 못한 진평왕이 이번에는 선덕의 상대로 용수를 불러들였으니 말이다.

"뭐라고? 선덕공주가 이제는 용수전군을 사신으로 삼는다는 말이냐?"

천명이 벌떡 자리에서 일어났다. 천명 곁에서 어머니의 기분을

포석정지

통일신라 말기 경애왕이 포석정에서 놀다가 견훤의 침입을 받았다고 알려졌으나 《화랑세기》에 의하면 포석정은 포(석)사의 부속시설로, 신라인들은 신궁에서 제사를 지낸 뒤 포사에서 의식을 행하곤 했다. 포사는 사당과도 같은 것으로서 당시 경애왕은 견훤의 침입에 대해 나라의 안녕을 빌러 포사에 있었을지 모른다.

달래 주고 있던 춘추도 뜻밖의 소식에 깜짝 놀라 물었다.

"아니, 이번에는 아버지가 선덕공주님의 사신이 된다는 말입니까?"

용춘전군이 월성에 불려간 지 어언 1년. 하지만 세상이 다 알다시피 선덕공주에게는 여전히 태기가 없었다. 사모하는 용춘이 동생인 선덕과 몸을 섞는 것을 생각하며 하루도 편할 날이 없었는데 이번에는 남편 용수가 또다시 사신으로 들어간다니 천명은 치가 떨렸다.

"내가 월성을 나오며 선덕을 위해 큰 양보를 했건만, 아버지는 어찌하여 내게 이렇게도 잔인하단 말인가!"

선덕의 얼굴이 떠올랐다. 앙 다문 입술에 초롱초롱하고 신비한 눈매, 반듯한 이마와 귀부터 입술까지 이어오는 미려한 얼굴선. 신국의 눈 있는 사람들 누구라도 과연 하늘이 내린 선녀라고 칭송하는 미색이었다. 그런 동생에게 이번에는 남편을 빌려 줘야 하다니, 아무리 왕실을 위한 일이라고 해도 천명은 속이 뒤집어졌다. 하지만 천명의 이러한 심정과는 상관없이 왕실의 일은 착착 진행되었다.

"용춘아, 이제는 내가 선덕공주를 모시게 되었으니 네가 내 대신 천명공주와 춘추를 잘 보살펴 주길 바란다."

용수는 용춘에게 자신의 처자식을 부탁했다. 그리고 다시 관례에 따라 포석정이 있는 포사에서 길례를 행하고 신궁에서 제사를 지낸 후 선덕공주를 모셨다. 하지만 용수 역시 일년이 다 지나도록 아이가 생기지 않았다.

"공주님을 오랫동안 모셨으나 자손이 생기지 않으니, 죄를 얻을까 두려운 마음에 더 이상 공주를 모시지 못하겠나이다."

결국 용수도 선덕과의 사이에서 자손을 보는 것에 실패하고 사신의 자리에서 물러날 수밖에 없었다.

> (진평)대왕은 (용춘의 형인) 용수공에게 모시도록 명했는데 또한 자식이 없었다.
>
> 《화랑세기 (13세 용춘 조)》

여왕이 된 선덕, 또 언니의 남편을 빌리다

"반란이다, 반란! 반란이 일어났다."

진평왕 말년631년 이찬 벼슬을 하던 칠숙과 아찬 벼슬을 하던 석품이 반란을 일으켰다. 백제와 고구려와의 영토 전쟁을 수없이 치러온 신라였지만 반란은 처음이었다. 신라는 고구려 백제에 비해 뒤늦게 고대국가로서의 면모를 갖췄으나 왕을 신으로 생각하고 왕실의 사람들을 성스럽게 여겼기 때문에 반란은 여간해선 꿈에도 생각하지 못하던 일이었다. 하지만 칠숙과 석품은 반란을 일으켰고 서라벌은 일순간에 군인들 세상이 되었다. 월성을 중심으로 왕의 군대와 화랑들이 반란군과 대치하였고 사람들은 모두가 집에 틀어박혀 공포의 시간을 보내야 했다. 하지만 신라 왕의 힘은 그렇게 약하지 않아서 선덕과 진평왕을 지지하는 화랑들, 특히 염장과 유신이 앞장서서 반란군을 크게 진압하였다.

"칠숙과 석품을 잡아들이고 그들의 구족을 잡아 목을 베어라."

난은 진압되었고 반란의 우두머리는 잡혀서 목이 잘렸다. 얼마 후 진평왕은 천수를 다해 세상을 떠나고 632년, 드디어 한반도 최초의 여왕 선덕여왕이 왕위에 올랐다. 선덕대왕은 즉위 초 자신을 도와 반란을 진압한 염장양명공주의 사신이자, 동성애자 보종의 애인을 조부의 영으로 임명하였는데 오늘날로 치면 전세田稅와 공물貢物을 다루는 부처의 장관이 된 것이었다. 하지만 여전히 선덕에게는 후사가 없어 다음 대를 이을 왕자 문제가 해결되지 않고 있었다.

이에 선덕은 용춘전군을 다시 지아비로 맞기로 했다. 이제 월성에는 더 이상 성골 남자가 남아 있지 않았고 용수, 용춘의 혈통이 그나마 왕에게 가장 가까웠으니 다른 선택의 여지가 없었다. 하지만 용수는 이미 죽고 없었다. 용수가 죽은 후 용춘은 형의 처와 아들을 자신의 처와 아들로 삼았다. 용춘을 남편으로 맞아 행복한 나날을 보내고 있던 천명은 다시 벼락을 맞은 것 같았다.

"뭐라고? 대왕께서 용춘 전군을 지아비로 맞는다 하셨다고?"

천명공주는 용수가 죽고 원래 사모하는 마음을 품었던 용춘전군의 아내가 되어 살게 되자 옛일은 다 잊고 이제 다시 평온한 생활을 할 수 있게 될 줄 알았다. 그런데 또 다시 동생인 선덕대왕이 남편을 데려가겠다고 한 것이다.

"서방님, 안 됩니다."

천명이 용춘을 붙잡고 애원했다. 용춘은 괴로운 표정을 짓더니 천명을 어루만지며 말했다.

"하지만 왕명이 아닙니까?"

"대왕께서 즉위하시기 전 공주 시절에도 용수전군과 용춘전군을 차례로 불렀지만 후사가 없었습니다. 두 분이 월성에 계시던 그 시간 동안 제가 밤이면 밤마다 얼마나 가슴 아픈 시간을 보냈는 줄 아십니까? 게다가 아무리 왕실의 일이라고는 하나 저는 대왕의 언니요, 한 사람의 여자입니다. 어찌 동생에게 매번 남편을 빌려준단 말입니까?"

"부인, 왕을 모시는 것 또한 우리 집안의 영광이 아니겠소?"

"서방님은 대왕에게 색공을 하는 것이 싫지 않으신 겁니까?"

천명이 마침내 소리를 질렀다. 하지만 어쩔 수 없는 일이었다. 이 일을 원하는 것은 바로 신국의 왕이었기 때문이다. 곧 용춘은 선덕대왕의 남편이 되어 궁에 들어갔고 천명은 또 한 번 과부가 된 것처럼 홀로 남았다.

(염장)공은 선덕공주에게 몰래 붙어 칠숙의 난을 다스리고, 공으로 발탁되었다. 선덕이 즉위하자, (조정에) 들어가 조부의 영

이 되어 유신과 춘추에게 재물을 공급하여 주었고, 또 사적으로 재산을 많이 모았다. 그때 사람들이 공의 집을 가리켜 수망택水望宅이라고 하였다. 금이 들어가는 것을 바라보면 마치 홍수와 같다고 해서 말한 것이다.

《화랑세기 (17세 염장 조)》

선덕여왕, 세 명의 남편을 거느리다

"자식이 생기지 않으니 어찌 계속 대왕을 모시겠습니까? 이제 그만 물러나 살기를 원합니다."

선덕여왕은 후사를 얻기 위해 용춘을 남편으로 맞이했으나 계속하여 태기가 없었다. 용춘이 그만 물러나기를 원했으나 왕이 쉽게 허락하지 않았다. 왕의 남편이란 단순히 한 여자의 지아비 문제가 아니라 나랏일의 문제였기 때문이다. 여러 대신들이 모여 왕의 결혼 문제와 후사 문제를 의논했다.

"용춘전군을 지아비로 삼았으나 잉태가 되지 않으니, 삼서의 제에 따라 세 명의 남편을 두심이 마땅하다고 사료되옵니다!"

"옳습니다. 삼서의 제에 따라 용춘전군 외에 두 명의 지아비를 더 둠으로써 왕실의 권위를 바로 세워야 할 것입니다."

선덕대왕은 대신들의 제안을 받아들여 오히려 두 명의 남편을 더들이기로 하고 또 다른 남편으로 김을제와 김흠반을 발탁하였다.

"김용춘, 김을제, 김흠반은 왕실에서 정하는 길일에 맞추어 순서대로 왕을 모시도록 하라."

우리나라 최초의 여왕 선덕여왕은 공주 시절부터 두 명의 사신을 두고 색공을 받은 데 이어 왕으로 즉위한 이후에는 무려 세 명의 남편을 두게 된 것이다. 진평왕이 죽은 후 월성에 성골의 신분을 가진 이는 오직 선덕과 선덕의 사촌동생인 진덕공주뿐이었다. 이렇게 왕실에 손이 귀하니 선덕여왕은 많은 남자들을 남편으로 맞이하여 빨리 후사를 보려고 하였다. 그러나 이렇게 집중적으로 합궁을 추진했어도 태기는 보이지 않았고 용춘의 물러나려는 뜻은 더욱 굳어져 마침내 선덕여왕이 이를 허락했다. 월성을 나간 용춘은 다시 천명공주를 아내로 삼고 춘추를 아들로 삼아 평범한 일상을 보냈다. 그것은 먼저 죽은 형 용수의 부탁이기도 했지만 당시로서는 형이 죽으면 형수를 동생이 물려받곤 하였다. 천명공주는 그제야 비로소 평온한 일상을 되찾을 수 있었다.

> 선덕공주가 즉위하게 되자 (용춘)공을 지아비로 삼았는데 공은 자식이 없다는 이유로 스스로 물러날 것을 청했다. 군신들이 이에 삼서의 제를 의논하여 흠반공과 을제공을 다음으로 하도록 했다. …… (용춘)공이 물러나려는 뜻이 더욱 굳어졌다. 선덕은 이에 정사를 을제에게 맡기고 공에게 물러나 살기

첨성대

국보 31호인 첨성대는 선덕여왕 때 건설되었다. 천문관측 시설로 보는 것이 일반적이지만 기도를 하는 종교 시설로 보는 견해도 있다. 아이를 낳지 못하는 선덕여왕이 자손을 기원하기 위해 지었다는 것이다.

를 허락했다. 공은 이에 천명공주를 처로 삼고 태종(김춘추)을 아들로 삼았다.

《화랑세기 (13세 용춘 조)》

남편은 빌려 주고 아내는 물려주고?

선덕여왕은 공주 시절 언니의 남편 용수와 용춘을 사신으로 불러들였다가 돌려주고 다시 대왕에 즉위하자 언니의 두 번째 남편 용춘을 남편으로 맞이한다. 엄연히 결혼한 아내가 있는 남자도 신분이 높은 공주나 여왕이 부르면 응해야 했던 것이다. 이것은 마치 미실궁주가 남편 세종을 두고도 공공연히 진흥왕의 부름을 받고 혹은 미실의 할머니인 옥진궁주가 역시 영실이라는 남편이 있었음에도 불구하고 법흥왕의 부름을 받았던 것과 닮아 있다. 어쩌면 이것은 남녀의 문제라기보다 신분이 높은 이가 신분이 낮은 이의 모든 부분에 있어서 지배권을 가지는 철저한 신분제 사회의 모습을 말해 준다 하겠다.

어쨌든 천명과 선덕은 친자매 사이임에도 불구하고 얽히고설키는 운명 가운데 남편을 주고받는 사이가 되어 버렸다. 언니 천명의 입장에서 보면 천명은 아버지 진평왕의 왕명에 따라 성골 신분과 왕위 계승권을 양보함과 동시에 급기야 두 남편마저 빌려 주어야 하는 입장에 처해 버린 것이다.

그런데 여기서 천명공주 외에 또 한 사람의 숨어 있는 비련의 여주인공을 만날 수 있다. 바로 천화공주이다. 천화공주는 용수의 첫 아내였다. 천명이 처음 용수와 결혼을 할 때 용수는 이미 천화공주와 결혼한 유부남이었던 것이다. 그러나 진평왕의 왕명으로 용수가 천명과 결혼을 하니 천화공주는 하루아침에 남편을 빼앗기고 과부나 다름없는 신세가 되어 버린 것이다. 이에 진평왕은 천화공주를 용수의 동생 용춘에게 내려 주었다. 하지만 선덕공주가 자손을 보기 위해 용춘을 사신으로 불러들이자, 천화공주는 천명에게 용수를 빼앗긴 것처럼 이번에는 용춘을 또 다시 선덕에게 뺏겨 버렸다. 두 번째 남편인 용춘마저 왕실에 빼앗기자 진평왕은 백룡이라는 높은 신분의 남자를 천화에게 내려 주었다. 그러나 천화공주 개인의 역사로 보면 참으로 불행한 일이었다. 본인의 의지와는 전혀 상관없이 첫 번째 남편은 천명공주에게 빼앗기고 두 번째 남편인 용춘은 선덕공주에게 빼앗기고 결혼을 다시 해야 했기 때문이다.

처음에 용수공은 천화공주를 아내로 맞았는데 천명공주를 아내로 맞게 되자 천화공주를 용춘공에게 주었다. 또 선덕공주를 모시게 되자 왕이 천화공주를 백룡공에게 내려 주었다.

《화랑세기 (13세 용춘 조)》

이처럼 우리는 서로의 배우자를 다른 사람에게 쉽게 내어 주고 또 받는 모습을 보면서 지금 우리와는 다른 어떤 독특한 도덕적 가치관이 신라 사회에 존재했다는 것을 알 수 있다. 그리고 이것이 바로 넓은 의미의 신국의 도가 아니었을까? 특히 용수가 죽자 동생 용춘이 형의 아내를 물려받는 대목에서 우리는 형사처수兄死妻嫂의 전형적인 예를 발견할 수 있다. 신라 사회에서는 근친혼이 성행하는 만큼 형사처수가 자연스럽게 이루어지고 있었던 것이다. 형의 아내와 아들을 자신의 처자식으로 맞아 살았던 용춘은 그 덕분에 큰 영화를 얻게 되었다. 형의 아들인 김춘추가 바로 우리가 잘 아는 삼국통일의 영웅 태종무열왕이 되었기 때문이다.

《화랑세기》에 따르면 용춘은 말년에 거문고와 바둑을 즐겼는데, 천명, 호명, 양궁 등의 다섯 시첩이 온화한 모습으로 용춘을 받들어 섬기며 함께 술과 음악을 즐겼다고 한다. 이렇듯 용춘은 평화로운 노년을 보내다가 일흔이 되던 647년 마침내 세상을 떠났다. 선덕여왕의 뒤를 이어 진덕여왕이 왕위에 올랐을 무렵이었다.

김춘추가 진덕여왕의 뒤를 이어 태종무열왕이 되자 김용춘도 왕의 아버지로서 문흥대왕文興大王으로 추봉되었다. 김춘추의 생부인 김용수가 어떻게 죽었는지는 전해지지 않는다. 그래서 김용수와 김용춘이 동일인물이라고 주장하는 학자들도 있다.

선덕여왕의 세 남편 뒤에 숨은 정치적 의미

선덕여왕의 결혼을 논할 때 신라의 대신들이 언급한 삼서지제三壻之制란 무엇을 뜻하는 것일까? 이것은 문자 그대로 한 여자가 동시에 세 명의 남편을 거느린다는 의미로 한꺼번에 세 명의 남자와 그룹으로 잠자리를 갖는다는 뜻은 아니다. 또한 한 번 결혼을 했다가 두 번, 세 번 결혼해도 된다는 이야기도 아니다. 남자들이 여러 첩들을 동시에 두는 것처럼 여왕이 세 명의 남편을 동시에 두고 돌아가면서 잠자리를 한다는 뜻이다. 이는 남편을 많이 둠으로써 자식을 갖게 될 확률을 높이기 위한 것으로서 세 명의 남편들은 말하자면 선덕여왕의 '씨내리' 남자들이 된 셈이었다.

《화랑세기》 기록에서 신하들이 '제'라고 칭하는 것으로 보아 삼서지제는 비단 선덕여왕의 경우뿐만 아니라 일종의 신라의 제도였던 것으로 보이는데 그것이 구체적으로 기록으로 남아 있는 경우는 안타깝게도 선덕여왕의 경우뿐이다. 진평왕이 죽고 나자 이제 성골 신분은 남녀를 통틀어 선덕여왕과 진덕공주뿐이었다. 따라서 선덕은 왕실의 혈통을 잇기 위해 삼서지제라는 비상조치를 통해서라도 아들을 보려고 했을 것이다.

그러나 여전히 의문은 남는다. 당시 선덕여왕의 나이가 과연 임신이 가능한 나이였을까 하는 부분이다. 선덕의 출생년도는 확실치 않으나 여러 기록들을 통해 추정은 가능하다. 일단 김춘추는

602년에 태어났는데 김춘추를 낳을 때 천명공주의 나이가 스물 두 살이었다. 선덕은 천명의 동생이었으니 왕위에 오르던 632년이면 약 쉰 살쯤 되었을 것이다. 그렇다면 과연 이 나이에 임신이 가능했을까? 여왕이 세 남편을 두었던 일을 단순히 자손을 보는 일로 생각하지 않는다면 이는 정치적인 목적에 의한 연합작전이라고 생각할 수 있다.

여왕의 남편이었던 용수, 용춘 형제 역시 단순한 남녀 간의 결합으로만 볼 수 없다. 왜냐하면 용수와 용춘은 폐위된 진지왕의 아들이었기 때문에 진평왕만 아니라면 원래 왕위를 이을 서열이었다. 그런 용수와 용춘이 진평왕에게는 경계의 대상이었을 것이다. 그래서 용수와 용춘은 진평왕으로부터 처음에는 소외된 계층이었다가 다시 서로의 목적을 위해 화합하면서 천명과 용수의 결혼이 이뤄질 수 있었다. 용수는 사위로서 왕위를 이을 가능성이 생긴 것이다. 하지만 둘째 딸 선덕이 왕위를 계승받게 되자 선덕과 용수 계열의 관계는 정치적으로는 정적 관계로 흘렀을 가능성이 높다. 이에 선덕은 을제, 흠반과 같은 남편을 통해 정치적 지지기반을 확대하고 용춘이라는 정적을 남편으로 끌어들였던 것이다.

신라인 이야기 4

여자도 '화랑'이 될 수 있었나?

- 신라의 호국 영웅 '화랑도'에 대하여

화랑의 기원은 여자인 '원화'였다

우두머리 화랑인 '풍월주'들의 전기를 기록한 《화랑세기》 서문에는 화랑도의 실체에 대해 이렇게 말하고 있다. "화랑은 선도仙徒, 선의 무리이다. …… 신라에서는 여자로서 원화를 삼게 되었다. 지소태후가 원화를 폐하고 화랑을 설치하여 국인들로 하여금 그들을 받들게 했다. 이에 앞서 법흥대왕이 위화랑을 사랑하였는데 화랑이라 불렀다. 화랑이라는 이름은 여기서 비롯되었다. 옛날에 선도는 신을 받드는 일을 주로 했는데 …… 후에 선도는 도의道義를 서로 힘써서, 어진 재상과 충성스러운 신하가 이로부터 빼어났고, 훌륭한 장군과 용감한 병졸이 이로부터 나왔다."

화랑의 기원은 여자인 원화였고 처음에는 선의 무리로서 신을 받드는 일, 즉 제사를 맡았다가 후에 도의를 닦으면서 문무 신하들을 배출하게 된 것이다.

원화 '미실'은 어떻게 화랑도를 장악했나?

조선시대에 편찬된 《삼국사절요》에 따르면 진흥왕 원년540년에 풍월주화랑의 우두머리를 설치했으며 진흥왕 37년576년에 진흥왕이 '원화'를 폐지하고 '화랑'을 설치했다고 나온다. 즉 화랑의 전신인 원화는 지소태후가 섭정을 하던 진흥왕 원년에 처음 폐지되었고 그 후 진흥왕이 장성하여 부활시키게 된다.

지소태후는 어린 아들 진흥왕이 즉위하자 섭정을 실시하면서 원화 대신 화랑을 설치하고 우두머리를 '풍월주'라 하였다. 세월이 흐른 후 진흥왕은 장성하여 원화를 부활시키면서 미실을 원화로 삼아 힘을 실어 주었다. 원화가 폐지된 지 29년 만이었다. 미실이 동생 미생과 애인 설원과 함께 사통한 후 죄가 드러날까 숨기려는 의도에서 스스로 원화가 되고자 했던 것이다. 그러나 동륜태자의 죽음을 조사하는 과정에서 동륜태자와 사통하는 등 방탕한 행실이 드러나자 미실은 원화의 자리에서 물러났다. 그 후 미실은 진지왕을 폐위시킬 때 화랑도를 장악하면서 원화의 자리에 올랐다가 진지왕 폐위가 끝난 후 문노를 풍월주로 삼으면서 원화 제도를 폐지하고 다시 풍월주 제도를 부활시켰다.

결국 신라 초기부터 존재했던 원화는 폐지와 부활을 거듭하다가 사라지고 풍월주 제도가 정착되었다. 화랑도는 여자를 우두머리로 하는 여자 중심의 집단에서 풍월주를 우두머리로 하는 남성 중심의 집단으로 변화하여 자리매김한 것이다.

무예뿐만 아니라, 제사, 음악 등을 담당한 화랑도는 풍월주를 우두머리로 해서 밑에 부제를 한 명 두었다. 부제는 다음 대에 풍월주에 오를 예정자였고 그 밑에 진골 등 귀족자제들로 이뤄진 화랑들이 있었다. 화랑들은 수백 명에서 수천 명에 이르는 낭도들을 거느렸고 당연히 낭도 수가 많을수록 영향력이 컸다. 그리고 화랑들과 낭도 사이에는 낭두가 있었는데 이들은 화랑도의 실질적인 업무를 수행했고 따라서 화랑도 내에서 실질적인 힘을 갖고 있었다. 낭두가 되기 위해서는 상선전임 풍월주이나 상랑화랑을 지낸 사람의 마복자이어야 했으므로, 여인들은 임신을 하면 상선이나 상랑의 총애를 입어 아이들이 마복자가 되도록 했다. 화랑도의 우두머리인 풍월주는 오늘날의 사단장에 해당하고, 부제는 부사단장, 낭두는 부사관, 낭도들은 사병들과 비슷한 위치이다. 그러나 화랑들은 단순히 군사적 기능만을 수행한 것이 아니라, 제사 기능, 음악과 악사의 기능도 있어서 맡은 업무별로 '부'의 구별이 있었다. 화랑은 무사인 동시에 제사를 지내는 제주이자 악사였던 것이다.

아내들이여,
화랑에게 더 이상 몸을 바치지 마라

화랑의 총애를 믿고 남편을 상습 폭행한 여자 '도리'

"당신이 누구 덕에 낭정에서 인정을 받고 있는 줄 아는가? 바로 내가 당신하고 결혼하기 전에 상선 염장 어른의 총애를 입고 그 어른의 아이를 둘이나 낳은 공으로 당신이 큰소리를 칠 수 있는 것이오. 그러니 그대가 나의 남편이라고 해도 마땅히 감사한 마음으로 나를 섬겨야 하지 않겠소? 나는 화랑의 아이를 낳은 귀한 여자란 말이오."

너의 총애하는 남아男兒가 누구냐?

선덕여왕이 즉위하고 벌써 여러 해가 흘렀다. 하루는 여왕이 연회를 베풀어 군신들과 그 가족들을 궁궐로 초청했다. 풍월주 양도와 그의 아내 보량도 연회에 참석했다. 선덕여왕 즉위 당시 풍월주의 자리는 김유신의 동생 김흠순이 앉아 있었으나 곧이어 흠순이 예원에게 자리를 물려주었다. 예원이 다시 선품에게 그 자리를 물려주고 선품은 양도에게 풍월주의 자리를 양위하여 양도가 풍월주가 된 것이었다.

왕은 금좌에 앉아 차례차례 군신들의 인사를 받은 뒤 축배를 들고 군신들과 자유롭게 이야기를 나누었다. 양명공주와 보종 부부도 눈에 보였다. 양명공주는 선덕여왕의 아버지 진평왕이 보명궁주에게서 낳았던 공주로 선덕여왕과는 배다른 자매가 되었다. 양명은 미실의 막내아들 보종에게 시집갔다가 남편의 조카인 모종과 합하여 아들 양도를 낳았고, 보종은 모종의 아들인 양도를 자신의 대를 이을 아들로 정하여 친자식같이 키웠다.

선덕여왕은 양도의 처인 보량을 불렀다. 보량은 남편 양도보다 다섯 살 많은 친 누이이자 연상의 처였다.

"보량아, 듣건대 너의 폐아嬖兒가 무척 아름답다고 하던데 그 아름다움이 과연 어떠한가?"

폐아란 총애를 받는 아이를 뜻했다. 여왕은 화주 보량과 사통하는 애인 찰의가 보량의 총애를 믿고 그 행동이 방자하여 화랑도 내에서 기강을 흐트러뜨린다는 소문을 듣고 그 얘기를 꺼낸 것이었다. 속을 꿰뚫어 보는 여왕의 눈빛에 보량은 차마 여왕을 마주 보지 못하고 고개를 숙였다.

"시, 신이 듣건대, 천자天子는 신하의 내사는 묻지 않는다 합니다. 허나 왕께서 궁금해 하신다면 신첩에게 있는 사신을 보여 드리도록 하겠습니다."

분황사

선덕여왕 때 지은 절로 자장율사가 신라의 국난 시 선덕여왕의 부름을 받고 당에서 돌아왔을 때 머물렀으며 훗날 자장율사가 머물렀다고 전해진다. 선덕여왕은 분황사 외에도 자장율사와 함께 통도사 등 절을 짓고 황룡사9층탑을 건립하는 등 불교문화를 꽃피웠다.

여왕은 잔잔히 웃으며 술잔을 흔들어 술잔이 비었음을 알렸다. 술잔 둘레에 박힌 은구슬들이 흔들리며 술잔이 비었음을 알렸다. 곧 시종이 다가와 술잔에 술을 따랐다. 여왕은 당황해하는 보량을 빤히 쳐다보았다. 이렇게 연회가 끝나고 집으로 돌아와 보량은 몇 날 며칠을 고심한 끝에 다시 군관과 함께 월성을 찾았다. 연회에서 여왕이 물은 보량의 폐아는 찰의였으나 보량이 왕의 질책을 피하고자 군관을 데리고 간 것이다.

"전하, 나의 폐아인 군관을 데리고 왔습니다."

왕이 군관에게 물었다.

"네 이름이 무엇이냐?"

"군관이라 하옵니다."

"사람들이 말하기를 네가 무척 아름답다고 하는데 도대체 네게 무슨 재주가 있느냐?"

왕이 묻자 군관이 대답했다.

"신에게 아름다움이 있다면 외모에 있지 않고 단지 마음속에 있을 것입니다."

"그래? 네 마음속에 무슨 아름다움이 있는가?"

"신은 보량 부처를 위하여 죽기를 원하고 보량 부처는 폐하를 위하여 죽기를 원합니다. 소위 아름답다고 말하는 것은 모시는 이를 위해 충성을 다하고 죽기를 원하는 마음이 아닐까 합니다."

왕이 군관의 말을 듣고 크게 웃었다.

"하하하. 너의 충심이 정말로 귀하고 가상하구나. 여봐라, 군관에게 나와 똑같은 음식과 술을 내리고 극진히 대접하여라."

보량과 군관이 함께 여왕에게 감사의 인사를 올리고 왕은 보량에게 이런 말을 덧붙였다.

"네가 데리고 있는 한 명의 아이가 내가 데리고 있는 열 명의 아이보다 낫구나. 잘 데리고 기르기를 바란다!"

보량이 여왕에게 칭찬을 듣고 흐뭇해하며 군관과 함께 월성을 나오면서 말했다.

"군관, 그대 덕분에 내가 위기를 넘겼다. 그대는 참으로 우리 부처의 신하이다. 그대의 은혜를 잊지 않겠다."

양도를 모시던 화랑 '군관'은 총명하고 청렴한 사내였다. 대부분의 화랑이나 풍월주들이 아랫사람인 낭두들의 처나 딸과 통하거나 첩으로 들였으나 군관만은 한 번도 그러한 색에 물들지 않았다.

군관공의 성품은 주색을 좋아하지 않았으므로 사람들이 감히 그 사생활을 엿볼 수 없었다.
보량이 늘 "군관은 진정으로 우리 부부의 신하이다." 했다. (군관)공은 장엄하고 정중하며 큰 뜻이 있어 조그만 일에 얽매이지 않았다. 진노하면 천둥번개가 이는 것 같았으나 마음은 실로 부드럽고 온후하여 부인을 감읍하게 할 수 있었다. 부부가 대단히 화목하여 역대의 풍월주들이 모두 낭두의 처와 딸들을 거느렸으나 공은 홀로 한 번도 사랑을 하지 않았다.

《화랑세기 (23세 군관 조)》

도리, 남편을 철기로 난타하다

그러나 색을 탐하지 않았던 군관의 모습은 당시로서는 일반적인 모습이 아니었다. 신라의 사람들은 모두 충성과 신의를 중요하게 생각했지만 색에 대해서는 즐기기를 마다하지 않았다. 그래서 화랑과 풍월주, 또 상선전임 풍월주들은 늘 아랫사람인 낭두의 처나 딸들을 취하는 일이 많았다. 이런 낭두의 처 중에 '도리'라는 여인이 있었다. 도리는 양도가 풍월주로 있을 때 양도 밑에서 일하는 세기라는 낭두의 아내였다. 도리는 몸이 작고 아담했으나 이목구비가 반듯하고 소담스러워 어려서부터 아리땁다는 이야기를 많이 들었다. 비록 신분이 높지는 않았으나 아름다운 미색으로 주변 사람들의 관심을 항상 끌었다.

이런 도리는 결혼하기 전부터 제 미색을 알고 뽐냄이 많아서 일찍이 여러 화랑들의 손을 탔다. 그중에서도 특히 17대 풍월주를 지낸 염장이 그녀를 좋아하여 그녀는 염장에게 두 명의 아들을 낳아 주었다. 도리는 풍월주를 지낸 염장의 아들을 낳아 낭두인 세기의 처가 될 수 있었다. 도리의 남편이 된 세기는 도리보다 무려 열두 살이나 나이가 어렸다. 그러나 세기는 화랑의 총애를 입은 도리와 결혼하면 자신의 승진 길이 더 쉬워지기 때문에 도리를 기꺼이 아내로 맞이했다. 역시 염장이, 도리와 도리의 남편과 그 자식들까지 후원해 줌이 많았고 아내의 영향으로 세기는 낭두 중에서도 도두의 자리에 오를 수 있었다.

"내가 염장공의 총애를 입어 아들 효장과 유장을 낳았으니 어찌 다른 여자와 같을 것인가. 그대가 내 낭군이라고 해도 마땅히 나를 섬겨야 하지 않겠소?"

세기의 처 도리는 나이도 남편보다 많은 데다가 염장의 총애를 믿고서 방자함이 하늘을 찔렀다. 그런 와중에 세기에게는 세 명의 첩이 있었는데 도리는 첩들을 시샘하여 세기를 매우 못살게 굴었다. 특히 첩들이 자식을 낳으면 그것으로 인해 자신의 입지가 위태로워질까 봐 매우 싫어하였다.

"뭐라? 또 아들을 낳았다고?"

세 번째 첩이 또 아들을 낳자 세기는 첩의 방을 떠나지 않고 지키며 직접 시중을 들고 어린 아들을 보는 재미에 시간 가는 줄을 몰랐다. 질투와 분노로 세기의 그런 행동을 지켜보던 도리는 마침내 화가 폭발해 커다란 철기를 들고 이렇게 소리를 질렀다.

"네 이놈 세기 어디 있느냐! 감히 내가 이렇게 두 눈을 시퍼렇게 뜨고 있는 살아있는데 첩년 방에 붙어 수작을 그칠 줄 모른단 말이냐? 세기 이노오옴, 냉큼 나와라!"

도리는 첩의 방문 앞에서 철기를 두드리며 있는 힘껏 소리를 질러 댔다. 세기가 끝까지 나오지 않으면 아예 갓난쟁이가 있는 방으로 쳐들어갈 참이었다. 그때 겁에 질린 세기가 달려 나왔다. 세기를 발견한 도리는 다짜고짜 달려들어 세기를 두들겨 패기 시작하는데 세기는 저항도 하지 못 하고 꼼짝 없이 당하면서 이리저리 도망만 다닐 뿐이었다. 그것도 아주 달아나 버리면 도리의 화를 더욱 돋울 것이 뻔하기 때문에 그러지도 못하고 죽지만 않을 정도로 철기에 맞아 주며 이쪽저쪽 몸을 막아 보는 것이 전부였다. 남편을 실컷 난타한 도리는 그제야 화가 좀 풀리는지 이렇게 소리를 지르며 자기 방으로 돌아갔다.

"아이고, 아이고. 내가 귀한 이의 아들을 낳은 귀한 몸으로 저 놈에게 시집을 와 주었더니 저 놈이 은혜를 잊어버리고 첩들이랑 놀아나는구나. 아이고, 아이고. 분하고 원통해라!"

도리는 서럽다는 듯 악을 쓰며 울었다. 그녀의 울음소리가 온 집안을 시끄럽게 울렸다.

도두 세기의 처 도리는 어려서부터 아리땁다는 명성이 있었다. 염장공의 두 아들을 낳고 나와서 세기의 처가 되었다. 세기보다 열두 살이 많았다. (남편) 세기를 노복과 같이 보아서 그 뜻에 맞지 않으면 세기를 매질했는데 못 하는 짓이 없었다.

《화랑세기 (22세 양도 조)》

양도, 남편을 때리는 아내의 방자함을 꾸짖다

세기의 집에서 한 차례 폭풍이 지나가고 낭정에서 세기가 보이지 않자 양도가 세기를 찾았다.

"어째서 오늘은 세기가 보이지 않는 것이냐?"

군관이 잠시 망설이는 듯하더니 이렇게 대답했다.

"실은 세기가 집에서 흉한 일을 당해 오늘 낭정에 나오지 못했습니다."

군관은 아랫것들에게 들은 세기의 사정을 있는 그대로 양도에게 전했다. 양도는 군관의 이야기를 듣고 크게 노했다.

"그 무슨 흉악한 일이란 말이냐? 지금 당장 세기와 그의 처 도리를 데려오라!"

이렇게 하여 세기와 도리는 집에서 잡혀와 양도 앞에 무릎을 꿇었다.

"도리 너는 낭두에게 횡포를 부려 낭두가 낭무를 보지 못하게 했으니 이는 곧 화랑을 업신여기는 짓이고 또한 남편에 대한 도를 어지럽혀 가정의 법도를 깼으니 이 또한 용서받을 수 없는 일이다. 지금 당장 네 볼기를 때려 네 못된 본성을 고쳐줄 것이다!"

낭도들이 도리를 잡아 볼기를 때리려고 치마를 벗기려 하자 도리가 겁에 질려 이렇게 소리질렀다.

"풍월주 어르신, 첩의 죄가 비록 중하다고는 하나 저는 전 풍월주이신 염장의 아들인 효장과 유장의 어미입니다. 국법에 선종仙種을 낳은 여자가 볼기를 내놓고 매를 맞는 일은 없습니다!"

선종, 즉 화랑의 아이를 낳은 여인들에 대한 일종의 특권을 말하는 것이었다. 신라에는 화랑의 아이를 낳은 여자는 다른 여자들과 비교해서 함부로 벌하지 않는 일종의 특권이 있었다. 이는 화랑들의 지위를 높이 유지시키기 위한 신라 사회의 장치였는데 염장의 두 아들을 낳은 도리는 바로 그것을 빌미로 자신의 죄를 회피해 보려는 것이었다. 하지만 양도는 이 말을 듣고 더욱 화를 냈다.

"네가 남편에게 철기를 휘두른 죄는 곤장 세 대로 다스리려고 했으나, 네가 아직도 이렇게 방자하니 거기에 곤장 세 대를 더할 것이다."

양도가 이렇게 명하자 낭도들이 도리의 치마를 내리고 형틀에 도리를 묶었다.

"아이고, 아이고, 이런 모욕이 있나! 선종을 낳은 내가 옷이 벗겨져 형틀에 묶이다니 천하에 어떻게 이런 일이 있단 말인가!"

앙칼진 도리가 목이 터져라 고래고래 소리를 지르며 양도를 향해 악을 썼다. 그러자 양도 옆에 있던 화주 보량이 양도의 귀에 대고 나지막한 목소리로 속삭였다.

"염부께서 이 일을 아시면 마음이 상할까 두렵습니다. 우리가 어찌 법도로만 아랫사람을 다스리다가 도리어 불효에 빠지겠습니까? 도리를 때리는 것을 다시 한 번 생각해 보십시오."

염부라 하면 염장을 말하는 것이었다. 염장이 누구인가? 염장은 양도의 어머니인 양명공주의 사신으로 양명과 합하여 장명을 낳았으니 장명은 양도의 아버지가 다른 형이었다. 그러한 관계가 있기에 양도는 자라면서 어머니의 애인인 염장을 아버지로서 섬기면서 '염부'라고 불렀다. 그런데 지금 양도가 그 염장의 총애를 입은 도리를 벌하려 하니 보량이 말리고 나선 것이다. 시아버지나 마찬가지인 염장의 심기를 건드릴 수 없었기 때문이었다. 양도가 꾀를 내어 세기를 불러들였다.

"세기를 도리 옆으로 끌고 오라!"

세기가 도리 옆으로 질질 끌려왔다.

"너는 지아비가 되어서 네 처를 바로잡지 못했으니 그 죄가 매우 크다. 게다가 네 처 도리는 전 풍월주의 아이를 낳은 몸이라 하여 매를 맞지 못하겠다고 하니 나는 너를 파면하는 것으로 네 처의 죄를 물으려 한다. 그럼 도두 세기는 오늘부로 화랑도 낭정의 도두 직책을 박탈……"

양도의 말이 채 끝나기도 전에 세기의 처 도리가 몸부림을 치며 양도를 불렀다.

"어르신, 어르신, 잠깐만요! 제발 제 지아비 세기를 파면시키지 말아 주십시오. 제가 볼기를 맞겠습니다. 제가 볼기를 맞겠습니다!"

"……!"

도리가 옆에 서 있는 낭도들을 향해 고개를 빼며 말했다.

"어서 저를 때려 주세요, 어서요!"

그제야 양도가 노한 표정을 풀고 부드러운 웃음을 지으며 도리에게 말했다.

"도리야, 부부의 의리는 마땅히 이와 같아야 한다. 만약 네가 지금과 같이 네 남편을 섬기고 감히 방자한 행동을 하지 않도록 주의한다면 나는 너를 당연히 용서할 뿐만 아니라 네 지아비도 파면시키지 않을 것이다. 무슨 말인지 알아듣겠는가?"

이날 이후 도리는 남편을 때리는 것을 그만두고 세기의 말에 순종하며 그간의 방자한 행동을 뉘우치게 되었다.

> …… 이로써 도리가 그 지아비에게 굴복하여 방자함이 변하여 순종하게 되었고 다시는 첩들에게 강새암을 하지 않았다. 그 밖에 다른 낭두의 처들도 모두 선仙, 관계를 맺은 화랑을 말함을 믿고 지아비에게 방자할 수 없게 되었다. 낭두들이 서로 축하하여 ……
>
> 《화랑세기 (22세 양도 조)》

화랑의 총애를 믿고 남편을 업신여겼던 신라의 아내들

"낭두의 처들이 남편을 업신여기는 일이 점점 심해지니 이거 큰 일이 아닙니까."

양도가 염장에게 이렇게 말했다. 하지만 염장은 양도의 걱정을 아는지 모르는지 그저 빙그레 웃기만 할 뿐이었다. 당시의 신라는 여인들이 화랑에게 몸을 바치는 것을 영예롭게 여기고 화랑의 총애를 입은 여인들의 남편 또한 그런 그녀들을 귀하게 여겨 주었다. 나아가 화랑의 총애를 입은 여인들은 화랑의 아이를 낳기를 소원하였는데, 화랑의 아이를 낳게 되면 화랑들이 그 아이는 물론 아이를 낳은 여자들의 생활까지 돌보아 주기 때문이었다. 이런 까닭에 화랑과 여인들의 관계는 점점 더 복잡해져만 갔고 화랑의 총애를 입은 여자들이 갈수록 방자해져 남편을 무시하고 가정의 기강이 무너지는 일이 많이 있었다. 양도는 이러한 폐단을 자신의 대에서 바로잡고자 했다.

"네 뜻은 알겠다만 풍월주라고 해서 오랜 관습을 무시하고 독단적으로 일을 추진하면 이를 좋지 않게 여기는 사람이 많을 것이다. 그러니 너무 서두르지 말고 신중히 하라."

염장이 양도를 걱정하여 이렇게 말했다. 하지만 양도는 한 번 세운 칼날을 감추지 않았다.

"옛날 미실궁주의 동생 미생도 마복자가 많아 사람들이 좋지 않게 여기는 경우가 많았다 합니다. 그런데 지금 아버지양도는 염장을 아버지라 불렀음께서 예전의 미생보다 마복자가 훨씬 많아 거의 백 명을 넘어서니 이는 옳다고 할 수 있는 일입니까?"

신라에서는 여인을 취한 남자가 그 여인의 아이를 자신의 아들처럼 삼고 마복자라 불렀다. 마복자가 많다는 것은 그만큼 여인들을 많이 취했다는 뜻이다. 양도의 가시 돋친 말에도 염장은 또 빙그레 웃었다.

"많은 여인들이 내 도움을 필요로 하였으니 이 또한 있을 수 있는 일이 아닌가? 사람을 다스리는 일은 마치 물을 다스리는 것과 같아서 순리대로 흘러가게 하는 것이 중요하고 너무 애를 쓰면 물이 새어 나와 곤란을 겪을 뿐이지. 양도, 너도 이 말을 명심하도록 하거라."

양도는 지난 몇 년 동안 풍월주의 자리에 있으면서 화랑의 여러 폐단을 개혁하려고 많은 노력을 하였다. 하지만 오랜 시간 이어 내려온 풍속은 하루아침에 고쳐지지 않았다. 또 양도는 정이 많은 사람이라 다른 사람의 잘못을 엄하게 처벌하지 못했다. 마음이 약한 사람이라 단호하게 잘못된 점을 바꿔 놓지는 못했다. 게다가 양도는 친누이 보량과의 관계만 멀리했을 뿐 스스로도 색을 좋아하여 낭두의 처들이 양도의 아들을 많이 낳았다. 스스로 낭두의 처들과 어우러졌으니 그런 양도가 폐단을 제대로 바로잡을 수는 없었다.

"무리를 다스리는 것은 때로 파리를 쫓고 잡초를 뽑는 것과 같다. 다스려도 다시 나타나고 처단해도 다시 자라니 과연 어찌할 것인가?"

양도가 보량에게 한탄하며 말했다. 그러자 보량이 웃으며 말했다.

"낭군께서는 무리를 다스리는 데는 능하나, 스스로를 다스리지 못하시니 그 까닭이 아니겠습니까?"

은근히 색을 밝혀 낭두의 처들을 많이 취한 양도를 놀리는 말이었다. 풍월주부터 색을 밝히니 화랑의 개혁에는 한계가 있을 수밖에 없었다. 양도가 너털웃음을 터뜨렸다.

"하하하, 누가 나의 처가 질투가 없다고 하는가? 이제 나는 그만 낭정에서 물러나야겠다."

결국 양도는 640년, 당시 부제이던 군관에게 풍월주의 자리를 물려주었다.

신라는 성상납의 천국인가?

도리는 세기와 결혼 전 염장과 관계하여 두 명의 아들을 낳았다. 요즘 같으면 처녀가 애를 낳았으니 사회적인 비난은 물론 혼사길이 막힐 일이었겠지만 신라에서는 전혀 그런 일이 아니었다. 비난은커녕 관계를 맺은 남자가 누구냐에 따라 오히려 처녀가 애를 낳는 일이 적극 권장되기도 했던 것이다. 낭두의 딸들은 오히려 좋은 곳에 시집을 가기 위해 화랑들과 결혼 전 관계를 맺길 원했다. 낭두는 화랑도 조직에서 화랑 바로 밑의 지위였고 화랑의 지휘를 받기 때문에 낭두의 딸이나 처가 화랑도 내 고위층과 좋은 관계를 맺으면 그들의 남편들도 덩달아 화랑도 내에서 입지가 탄탄해지고 승진 등이 빨라졌던 것이다.

그렇기 때문에 남자들은 화랑의 총애를 입은 여자를 선호했고 총애를 입지 못한 여자들은 오히려 시집을 가기가 어려운 형편이었다. 요즘 세태로 비교하면 남자들이 탄탄한 직업을 가진 여성을 선호하는 것과 비슷하다고나 할까?

그래서 아버지 낭두들은 딸들이 어느 정도 나이가 차면 딸들을 화랑들이 거하는 선문仙門, 화랑들이 속한 곳에 올려 보냈다. 이때 이런 여자들을 '봉화奉花'라 했는데 그녀들은 가문의 영광과 자신의 앞날을 위하여 선문의 화랑들에게 갖은 교태와 아양을 떨며 총애를 받으려 애썼다. 그래서 총애를 받는다면 이를 '봉로화'라 했고 여기다 아들까지 낳으면 '봉옥화'라 칭송했다. 총애를 입어 아들까지 낳는다면 금상첨화였던 것이다. 도리 역시 결혼 전에 염장의 총애를 입어 아들을 낳고 이 덕분에 열두 살 연하인 남편과 결혼하여 그토록 큰소리를 치고 살 수 있었다.

그런데 이런 풍습에는 또한 잔인한 면이 있어서 만약 화랑이 거하는 선문에까지 올라갔다가 화랑들의 총애를 얻지 못하면 선문에서 늙어 신분이 낮은 예졸들의 여자가 되어야 했다. 선문에 간 여자들의 입장에서는 한마디로 인생을 건 승부를 해야 했던 것이었다.

봉화들의 성상납 외 유화들의 성상납도 있었다. 유화는 낭두들의 딸이 아니라 신분이 낮은 평인이나 일반 백성들의 딸 중에 미모가 뛰어난 여자들을 가려 뽑은 것이다. 이런 유화들은 낭두의 딸들이 선문에 들어간 것과 마찬가지로 낭문郎門, 낭도들이 속한 곳에 들어가는 의식을 거쳤다. 이들은 낭문의 남자들에게 몸을 바쳤는데 한 번 낭문에 들어가면 서른 살이 될 때까지 결혼도 하지 못하고 계속 몸을 바쳐야 했다. 낭두의 처와 딸들은 선문에 올라가 화랑들에게 몸을 바쳤고, 신분이 낮은 백성들 중 아름다운 여자들은 유화가 되어 낭도들에게 몸을 바친 셈이었다.

이처럼 딸들을 바치는 것은 스스로의 신분을 높이고 입신양명을 하는 하나의 길이 되었다. 《화랑세기》를 살펴보면 13세 용춘공 조에 대남보라는 인물이 나온다. 대남보는 신분이 미천하고 힘이 없었지만 남을 돕는 일에 민첩하여 큰 존경을 받았다. 대남보 주변의 무리들은 그를 위하여 이렇게 충고했다.

"그대의 딸이 아름다운데 어찌 새로운 풍월주에게 바쳐 골품을 얻지 않는가?"

그러자 대남보가 대답했다.

"나는 천한 신분인데 어찌 감히 여색으로 풍월주를 미혹할 수 있겠는가?"

대남보는 결국 딸을 바치지 않고 오직 충성으로만 풍월주 용춘에게 인정을 받고자 했다. 여기서 신라 사회에서는 딸을 바쳐서 신분이 올라가는 일이 허용되었던 것을 알 수 있다.

> 낭두의 딸은 …… 위(화랑)로부터 총애를 받지 못하면 시집을 갈 수 없었다. 그러므로 다투어 청례靑禮를 하기 위하여 아양을 떨었다. 총애를 받은 …… 자들이 아니면 낭두에 새로이 오른 자들이 아내로 맞아 처로 삼지 않았다.
> 서민의 딸로 빼어나게 아름다운 자들은 낭문郎門에 속하여 유화遊花가 되었고, 서른 살이 되기 전에는 집田舍으로 돌아갈 수 없었다.
>
> 《화랑세기 (22세 양도 조)》

역사 속의 성상납은 비단 국내에서만 국한되는 일이 아니었다. 《삼국사기》의 '신라본기'를 살펴보면 당시 당나라와의 외교에 있어 진평왕이 미녀 두 명을 바치려 하였는데 당이 이를 받지 않고 돌려보냈다는 기록이 나온다. 《화랑세기》의 예원공 조에도 보면 김춘추와 양도, 예원 등이 사신으로 당에 갈 때 당나라 사람들이 색을 좋아한다고 하여 유화 세 명을 거짓으로 종실의 여자라고 속여 당나라에 바치려고 한 기록이 나온다.

"색으로 사람을 유혹하는 것도 도가 아닌데 하물며 신분까지 속인단 말인가?"

이때 예원은 유화들의 신분을 속여 가면서까지 당나라에 여자를 바치는 것을 반대하였다. 하지만 고구려 백제가 동맹을 맺어 가면서까지 신라의 영토를 넘볼 때라 신라의 당 외교는 매우 절박한 사안이었다. 이에 사신들이 유화들과 함께 배에 탔는데 마침 풍랑이 일어 뱃사람들이 유화를 제물로 바다에 빠뜨려 해신을 잠재워야 한다고 했다. 이때 예원이 다시 나섰다.

"인명은 지극히 소중한 것인데 어찌 함부로 죽이겠는가?"

"예원 형님은 어찌하여 유화의 생명만 중하게 여기시고 춘추공의 생명은 중히 여기지 않으십니까? 만약 춘추공의 생명이 위험에 빠지면 그땐 어떻게 하시겠습니까?"

양도가 말했다.

"위험할 때 함께 위험하고 안전할 때 함께 안전해야 한다. 어찌 다른 생명을 죽여 우리가 살 길을 꾀하겠는가?"

예원의 강경한 태도에 사람들은 유화를 바다에 던지지 않았다. 다행히 곧이어 풍랑은 멈췄고 일행은 모두 무사히 당에 도착했다. 당에 당도하여 사신들이 당에 천병天兵을 요청하고 돌아올 때 선물로 유화를 바치자 당에서는 "말이 통하지 않고 풍토에 익숙하지 않기 때문에 아름다워도 당에 머물게 할 수 없다."며 유화들을 돌려보냈다.

신라는 유일하게 우리 역사에서 세 번이나 여왕을 탄생시켰을 뿐만 아니라 딸들이 아버지의 재산도 물려받을 수 있었고 부계 혈통뿐 아니라 어머니의 혈통에 따라 진골정통이나 대원신통이 있었다. 그리고 진골정통이나 대원신통의 인통을 얻는 것이 출세에 큰 영향력을 미치기도 했다. 또한 선덕여왕은 세 명의 남편을 두었고 공주들이 남자 사신을 거느리는 등 남자들의 색공을 공공연히 받을 수 있었다. 이러한 사실을 볼 때 신라는 당시 고구려나 백제 그리고 훗날의 고려, 조선에 비해 여성들의 지위가 상당히 높았던 것을 알 수 있다.

따라서 유화나 봉화의 풍속만을 놓고 신라가 여성들을 천하게 여겼다고 생각하는 것은 곤란하다. 오히려 남녀의 구별보다는 철저히 골품에 따른 신분의 지배가 강하게 작용한 것이리라. 신분이 높은 사람은 신분이 낮은 사람의 모든 부분, 심지어 성에 관련한 것까지 지배할 수가 있었다. 남자도 신분이 낮으면 색으로 여자에게 헌신하고 바쳐야만 했다. 남자든 여자든 신분이 높은 계층이 신분이 낮은 계층에 대하여 정치적, 사회적, 육체적, 성적인 지배권까지 가지고 있었던 것으로 보인다.

신라인 이야기 5

왜 신라에만 세 명의 '여왕'이 존재하는가?

우리 역사상 유일한 여왕 '선덕, 진덕, 진성'

세계의 여왕들

전 세계 역사에서도 여왕은 참으로 드문 일이다. 유럽 같은 경우에도 영국의 빅토리아나 엘리자베스 같은 여왕이 등장한 것은 중세 이후의 일이었고 가까운 나라 중국에서도 여왕은 단 한 명만이 존재했다. 그런데 우리 역사에는 무려 세 명의 여왕이 등장한다. 신라의 진평왕을 이어 왕위에 오른 '선덕여왕', 선덕여왕을 이어 왕위에 오른 '진덕여왕' 그리고 통일신라 때의 '진성여왕'이 바로 그들이다.

선덕여왕은 632년에서 647년까지 치세하였고, 그 뒤를 이어 진덕여왕은 647년에서 654년까지 치세하였다. 일본의 경우 추고여왕 593~628을 시작으로 여섯 명의 여왕이 나왔고, 당 역사의 유일한 여왕인 측천무후는 고종의 왕후였다가 아들인 중종과 예종의 어머니 태후로서 아들 왕들을 폐하고 690년 직접 왕위에 올랐다. 세계사에도 보이지 않지만 연결된 흐름이 있는 것인지 비슷한 시기에 아시아의 여왕이 줄줄이 배출된 셈이다.

신라는 모계사회인가, 부계사회인가?

신라에서 여왕이 배출된 역사적 사실 등과 관련하여 신라가 모계사회였다고 주장하는 학자들이 있다. 하지만 신라는 분명 장자를 중심으로 모든 것이 세습되는 부계사회였던 것으로 보인다. 만약 모계사회였다면 선덕여왕이 어머니의 지위를 계승하여 왕위를 이었어야 하는데 선덕여왕은 엄연히 아버지의 지위를 이어 왕이 되었다. 딸이라도 아버지의 성을 따르듯이 덕만공주는 딸이었지만 아버지의 왕위를 이을 수 있었던 것이다.

그러나 신라가 동시대의 고구려나 백제보다 여성의 지위가 더 높았던 것만은 분명하다. 그래서 공주도 왕이 될 수 있었고 딸들도 아버지의 재산을 이어받는 경우가 종종 있었다. 특히, 출세에 영향을 미치는 대원신통이나 진골정통 등의 계통도 모계를 통해 전승되었다. 어머니의 혈통이 아들들의 출세에도 영향을 미치고 파벌을 형성했던 것이다. 또 왕의 아들이라고 해도 어머니가 왕후가 아니면 왕위를 이을 수 없었다. 조선시대 때 후궁의 아들이 왕이 되기도 하는 것과는 전혀 다른 모습이다. 신라시대라면 후궁의 아들, 즉 모계의 혈통이 비천한 자는 왕이 될 수 없었다. 아버지의 혈통뿐만 아니라 어머니의 혈통도 중요하다는 의미이다. 이처럼 신라는 분명 부계사회이긴 했지만 여성의 영향력 또한 적지 않았다.

신라의 여왕 배출은 우연이 아니다

《화랑세기》는 우리나라 최초의 여왕, 선덕여왕에 대해 "그 모습이 용봉의 자태와 태양의 위용을 지녔다."고 기록하고 있다. 하지만 아무리 뛰어난 선덕여왕이라 해도 어느 날 갑자기 왕이 될 수 있었던 것은 아니었다. 선덕여왕이 배출되기 이전부터 신라는 이미 여성들의 지배를 받은 정치적 경험을 가지고 있었다. 그 대표적 예가 바로 '미실'이다. 미실은 왕후는 아니었지만 여러 왕들에게 색공을 하며 권력을 손에 넣었고 사도왕후와 함께 직접 정사를 주물렀다. 또한 진흥왕이 어린 나이에 즉위하자 진흥왕의 어머니인 지소태후가 한동안 섭정을 했고, 진평왕 또한 어린 나이에 왕위에 올라 사도태후진평왕의 할머니, 만호태후진평왕의 어머니, 지도태후폐위된 진지왕의 부인이자 진평왕의 작은어머니로서 진평왕을 모심의 섭정을 받았다. 신라는 이미 여인천하의 세상을 여러 번 경험한 것이다. 당시 신라 사회가 이미 여성의 통치를 인정할 수 있는 풍토를 가지고 있었다는 뜻이다. 조선시대라면 왕의 먼 친척이 왕이 될망정 여자가 왕이 될 수는 없었으리라. 그럼에도 불구하고 선덕은 여성의 활동이 제한되어 있던 1400년 전 고대사회에서, 21세기에도 여자가 차지하기 힘든 최고 권력자의 자리를 당당히 차지한 여걸이었다.

미색으로 아들과 남편의 신분을 높이다

성상납으로 남편을 출세시킨 내조의 여왕 '옥두리'

"남편의 아이를 잉태할 때마다 선문에 올라가 상선의 총애를 입고 내려오면, 정을 통한 상선들이 나의 아이를 그들의 마복자로 삼아 주었다. 나와 관계한 상선들이 떡 버티고 있으니 내 아이들의 앞날이 든든하지 않겠는가. 내가 미색으로 총애를 입어 자식들은 물론 남편 또한 지위가 높아졌으니 내가 바로 가문의 영광이라."

옥두리, 임신한 몸으로 상선들과 통하다

찰인은 화랑도의 낭두 중에서도 가장 나이가 많은 낭두였다. 그의 나이 이미 육십이 넘었음에도 기력이 쇠하지 않았고 영향력 또한 막강해 자신의 목소리를 내는 데 거침이 없었다. 처첩과 자손은 백을 넘어 얼굴을 기억하기도 벅찰 정도로 많았고 집안은 번성하였다. 양도의 부인인 보량과 정을 통하고 양도의 신임까지 받아 낭정에서 방자하게 굴었던 찰의가 바로 그의 아들이기도 했다. 찰의가 그렇데 방자할 수 있었던 것은 보량의 총애도 있었지만 아버지의 그늘도 적지 않게 작용한 덕분이었다. 그토록 영화를 누리는 찰인에 대하여 사람들은 모두 처를 잘 만나 그렇다고들 입을 모았다. 찰인의 처는 절색인 옥두리였다.

"임신을 하였다고?"

젊은 시절의 찰인은 아내 옥두리에게 이렇게 물었다. 옥두리가 하얀 볼을 살짝 붉히며 수줍게 웃었다. 아이를 잉태해서 그런지 오늘따라 가슴은 더욱 암팡지게 차오르고 얼굴의 혈색도 아주 좋아 보였다.

"산꿩 예물을 준비해야겠습니다."

"그래. 선문에 올라갈 채비를 해야겠다."

신라 낭두의 아내들은 임신을 하면 예물을 준비하여 상선전임 풍월주이나 상랑전 화랑들들이 거하는 선문에 올라갔다. 그리고 그들이 거하는 곳에서 한동안 거하며 화랑들의 총애를 입기를 기다리는 것이다. 옥두리는 어서 임신이 되기를 은밀히 기다려 왔던 터였다. 이유는 상선 중에 그녀가 흠모하는 이가 있어 빨리 선문에 올라가 그의 총애를 받고 싶어서였다. 며칠 후, 옥두리는 몸을 씻고 한껏 치장을 한 후 산꿩 예물을 들고 선문으로 올라갔다. 그녀의 미색은 이미 명성이 자자하여 상선이나 상랑들의 관심을 한 몸에 받았다. 옥두리는 시일을 지체하지 않고 상선의 총애를 입었다. 선문의 여인들 중 박색인 여인들은 배가 만삭이 되도록 오래 머물러도 총애를 입지 못하는 경우가 종종 있었다.

선문에 올라가자마자 총애를 입고 옥두리가 집으로 돌아오자 남편인 찰인은 기뻐하며 예법에 따라 맞이하였고 날이 갈수록 배가 불러 마침내 출산을 하였다. 남편 찰인은 옥두리가 산후 조리를 하며 석 달이 지나자 이렇게 말했다.

"아이를 낳고 석 달이 지났으니 선문에 올라갈 채비를 해야겠소."

이번에 옥두리는 양과 돼지를 예물로 준비하여 올라갔고, 선문의 상선들은 이번에도 옥두리를 반겨 맞아 주었다. 그리고 곧바로 총애를 입은 옥두리는 선문에서 바로 물러나니 찰인이 또한 예법에 따라 아내 옥두리를 기쁘게 맞이하였다.

"그대가 정말 큰일을 하였소."

찰인이 거듭 아내를 치하했고 옥두리도 기쁘게 웃으며 이렇게 대답했다.

"이제 내가 상선의 총애를 입었으니 낭군과 내 아이의 앞날이 몹시 밝을 것이옵니다."

남편의 아이를 임신할 때마다 옥두리는 선문에 올라가 수태한 몸으로 상선이나 상랑들의 사랑을 받았고 이 때문에 찰인의 집안은 날로 번성해져 갔다. 옥두리의 남편 찰인은 신분이 낮은 사람임에도 불구하고 낭정에서 인정을 받아 자신의 지위를 조금씩 높여 갔다.

남편을 속이고 예졸과 통하다

상선과 상랑들은 옥두리를 몹시 총애해 그녀가 선문에 언제 올라오는지 기다리는 마음마저 생겼으니 그녀의 위세가 보통을 넘어서는 것이었다. 그런데 언제부터인가 수태가 잘 되지 않았다. 옥두리는 선문에 어서 올라가 놀고 싶은 마음에 수태를 하기 위해 이렇게 저렇게 애를 써보았지만 어떻게 된 일인지 소용이 없었다. 급한 마음에 자제력을 잃은 옥두리는 급기야 남편을 속이고 이렇게 말했다.

"잉태를 하였습니다. 선문에 올라갈 채비를 해야겠습니다."

"아, 그런가. 내 준비를 시키겠다."

남편은 기뻐하며 예물을 준비했고 옥두리는 설레는 마음으로 선문에 올라갔다. 하지만 이번에는 상선 상랑들에게 총애를 입는 것만으로는 내려올 수가 없었다. 예법은 임신을 한 여자가 올라가 총애를 입는 것인데 그녀가 임신을 하지 않았으니 불안했던 것이다. 상랑이나 상선들과 선문에서 몸을 섞는 동안에 수태가 되었다면 남편의 아이인 양 행세를 해볼 텐데, 확인할 방법이 없으니 그녀는 불안한 마음에 선문에서 바로 내려오지 못하고 여러 날을 더 머무르며 여러 남자들과 정을 통했다. 하지만 언제까지 예법을 어기고 무작정 시일을 지체할 수는 없는 노릇이어서 옥두리는 마지못해 내려갈 채비를 했다. 내려갈 채비를 하면서도 옥두리는 임신이 되지 않았을까봐 두려웠다.

"이를 어쩌나, 선문에서 머무르는 동안 임신이 되었어야 하는데 확인할 길이 없으니 불안하기만 하구나."

옥두리가 자신의 거처에서 이런저런 고민에 빠져 있는데 문득 선문의 젊은 예졸이 그녀에게 떠날 채비가 되었음을 알렸다. 날이 더워 젊은 예졸은 땀을 줄줄 흘리고 있었다.

"이리 들어와서 짐 좀 들어주지 않겠소?"

옥두리가 비릿한 웃음을 흘리며 예졸에게 말했다.

"네, 그러지요."

평소 옥두리를 좋아하던 예졸이 흔쾌히 응하면서 성큼성큼 옥두리의 방 안으로 들어왔다. 그리고 짐을 번쩍 들어 나가려 하는데 옥두리가 깜짝 놀라는 기색을 보이며 이렇게 말했다.

"어머, 내 가락지가 어디 갔을까? 함에 넣으려고 방금까지 내가 들고 있었는데……."

옥두리가 두리번거리면서 방 구석구석을 뒤지기 시작했다.

"큰일 났네. 상선 어른께서 선물해 주신 건데."

예졸이 엉거주춤하게 서 있다가 급기야 짐을 내려놓고 옥두리와 함께 가락지를 찾기 시작했다. 한참을 찾는 시늉을 하던 옥두리가 자신의 치마를 들추며 이렇게 말했다.

"음…… 내 옷 사이로 들어갔나?"

한여름이라 홑겹 치마를 입은 옥두리가 치마를 들추자 허연 장

단지가 그대로 드러났다. 예졸이 깜짝 놀라면서도 옥두리의 치마 속에서 눈을 떼지 못했다. 이때 옥두리가 배시시 웃으면서 예졸의 어깨를 어루만졌다.

"무얼 보고만 있는가? 마음만 먹는다면 어디 보는 것뿐이겠는가."

"예에……?!"

순진한 예졸은 깜짝 놀라는데 옥두리가 능숙한 손놀림으로 예졸의 손을 끌어 자신의 치마 속으로 가져갔다. 농염한 부인의 유혹에 그만 넋을 놓은 청년은 옥두리의 치마 속에서 어설프게 손을 움직이기 시작하고 점점 대담해지다가 급기야 몸을 섞어 버렸다.

옥두리가 집으로 돌아오자 찰인은 역시 기뻐하며 격식을 갖춰 그녀를 맞이하였고 옥두리의 배는 곧 소담스럽게 불러왔다. 하도 여러 남자와 정을 통한지라 어미인 옥두리조차 그 아이가 남편의 애인지, 선문에 올라가 정을 통한 상선의 애인지, 아니면 예졸의 애인지 알지 못했다. 옥두리가 마침내 출산을 하고 또다시 석 달이 지나자 그녀는 다시 예법에 따라 예물을 갖춰 선문에 올라갔다. 총애를 내려주었던 상선이 기쁘게 그녀를 맞았다.

"그대가 아이를 수태한 몸으로 나의 총애를 입었으니 그 아이를 나의 마복자로 삼아 주리라. 그래, 그 아이의 이름이 무엇인고?"

"찰의입니다."

"하하하, 찰의는 오늘부터 나의 마복자니라."

마복자磨腹子. 마복이란 '배를 문지르다, 가까워지다'라는 뜻이다.

한마디로 배를 맞춘 아이라는 뜻이다. 신라에서는 여자가 임신한 상태에서 신분이 높은 이와 정을 통한 후 아이를 낳으면 그 아이를 임신 중에 관계한 남자의 마복자라 불렀다. 친아버지는 아니지만 임신 중에 여자를 취한 것에 대한 예우라고나 할까? 옥두리는 찰인의 처로 미색을 이용하여 여러 번 상선과 화랑들의 총애를 입었고 그 덕분에 찰인과 옥두리의 아이들은 여러 상선과 화랑들의 마복자가 되었다. 비록 막내인 찰의는 진짜 아버지가 누구인지 옥두리조차 알 수 없었으나 표면적으로 찰인의 아들이었고 상선의 마복자로서 자랄 수 있었다. 이렇게 찰인과 옥두리 그리고 그들의 아이들은 화랑이나 상선의 비호를 받으며 남부럽지 않은 권세와 부귀를 누렸던 것이다. 훗날 찰의가 양도의 밑에 들어가 총애를 받게 되자 아버지 찰인은 기뻐하며 말했다.

"네가 윗사람에게 교태를 부릴 줄 알아 양도 어른의 총애를 입었으니 이 또한 집안의 자랑이구나."

찰인은 찰의가 양도의 아내인 보량과 내통하는 것도 알게 되었으나 굳이 꾸짖지 않았다.

찰인은 나이가 60이 넘었는데 아직 대노두낭두 중 제일 높은 지위로 있었고 처첩과 자녀가 백을 헤아렸으며 출입하고 거동하는 것이 완전히 상선과 같았다. 그 아들인 찰두와 찰석이 모두 도두가 되었고 …… 낭두들이 그 아들과 사위에서 많이 배출되었고 …… 그 막내아들인 찰의가 양도공의 폐아가 된 것 등 그 권세를 당할 자가 아무도 없었다. 찰인의 처 옥두리玉斗里는 절색으로 역대의 상선을 섬긴 까닭에 높은 지위에 올랐던 것이다.

《화랑세기 (24세 천관 조)》

아내가 방탕할수록 남편이 출세한다?

신라의 남자들은 처로 인해 귀하게 될 수 있었다. 자신의 출신이 귀하지 않아도 미모의 처를 맞아 신분이 높은 남자들에게 상납을 잘하면 쉽게 출세를 하고 재산을 모을 수가 있었던 것이다. 찰인 역시 옥두리를 상선이나 화랑들에게 바쳐 재물을 많이 모았고 옥두리가 임신 중에 몸을 바쳐 태어난 아이들은 귀한 신분을 얻을 수 있었다. 이런 풍속은 당시 신라 사회에서 꽤 오랫동안 널리 퍼져 있었던 것으로 보인다. 또한 앞서 본 세기의 처 도리같이 결혼하기 전에 신분이 귀한 남자를 모셔 좋은 남편을 만나는 일도 흔했다. 처녀 시절의 성상납이건 결혼 이후 유부녀로서의 성상납이건 여자의 성상납으로 남편들의 처지가 귀하게 된 것은 대개 비슷하다 하겠다. 아내가 다른 남자에게 몸을 많이 바치면 바칠수록 남편들이 더욱 좋아하는 아이러니한 형국이 된 것이다.

이런 풍속은 오래 전부터도 있었다. 옥두리보다 훨씬 이전인 미실궁주가 진흥대왕을 모시던 당시 미실궁주의 남동생 미생 역시 여자들의 성상납을 즐겨 받았다. 그래서 밤이면 밤마다 동륜태자와 함께 예쁘다고 소문난 여인들을 찾아다니며 취하였는데, 동륜태자가 죽은 후 이전에 취했던 여인들 중 당두의 처가 생각나 그녀를 첩으로 삼고자 했다. 그때 그녀의 남편인 당두가 말했다.

"자식이 아직 어려 아침 저녁으로 어미를 찾습니다. 그러니 첩으로 삼으시되 색공만 하는 첩이 되게 해주시면 안 되겠습니까?"

말하자면 첩이 되어 미생의 집으로 들어가 사는 것이 아니라 남편과 아이들과 함께 살면서 때때로 미생에게 섹스만을 제공하는 첩이 되게 해달라고 남편이 부탁하는 것이다. 이를 보면 아예 집으로 들어가 첩살이를 하는 첩이 있고 가끔 만나 섹스만을 하는 애인 같은 첩이 있었음을 알 수 있다. 미생의 행동을 알고 미실이 나무랐다.

"내가 일전에 동륜태자와 사통한 것이 진흥대왕께 알려져 각별히 행실을 조심하고 있는데 네가 어찌 남의 처를 빼앗겠느냐? 행동을 조심할 때이다."

미실의 반대로 미생은 당두의 처를 받지 못하였지만 그는 당두를 천거하여 뒤를 돌봐 주었고 나중에는 당두의 처 스스로가 미생을 모시기를 열망하여 결국 당두는 처는 미생의 아들을 셋이나 낳았다. 미생은 당두의 처가 아들을 잘 낳아 자손을 번성케 해준 것을 더욱 기쁘게 여겼는데 하루는 당두와 미생이 술을 마시다가 서로 흥에 겨워지자 미생이 이렇게 칭찬했다.

"내가 너의 처와 더불어 자손을 번성케 하리라."

그러자 당두가 슬그머니 방을 빠져나와 자신의 처로 하여금 취기가 오른 미생에게 교태를 떨게 하고 사랑을 하도록 했다.

대개 신라인들의 처를 바치는 모습이 이와 같았다. 그러나 그런 면만 있었던 것은 아니다. 폐위되었던 진지왕의 아들이자 13대 풍월주를 지낸 용춘전군의 신하이던 대남보란 자는 당두가 미생의 신하가 되고 아내를 바쳐 색으로 아부를 한 것과 달랐다. 대남보는 처를 바쳐 색으로 유혹하기보다는 자신의 재물을 헌신하여 용춘을 돕느라 가계가 기우는 것조차 감수했다. 그래서 이런 노래가 유행했을 정도다.

처를 바쳐 부자 되고
일곱 아들 모두 말을 탄다네.
딸을 바쳐 가난해지고
세 아들 모두 베옷 입었네.

(용춘공이) (대)남보의 집에 이르자 그 처와 세 아들이 삼을 쌓아 손으로 껍질을 벗기고 있다가 (용춘)공을 보자 그것을 숨겼다. 공은 이에 바른대로 말하지 않은 것을 책망했다. 종자들이 자복하여 말하기를 "당두의 일곱 아들은 영달했는데 남보

의 세 아들은 모두 천한 까닭에 이 노래가 있습니다."했다. 공이 오랫동안 슬퍼하다가 "이는 나의 잘못이다."했다.

《화랑세기 (13세 용춘 조)》

임신한 여자의 성상납을 받으면 그 자식까지 책임진다?

이처럼 아내를 바쳐 남편들이 귀하게 되었고 또한 아내를 바쳐 자식들이 귀하게 되기도 했으니 바로 마복자 풍속이다. 마복자는 세계 어디에서도 발견할 수 없는 신라만의 독특한 문화로서《화랑세기》에는 마복자에 대한 이야기가 많이 나오는데, 어찌 보면 그네들이 말하는 신국의 도의 하나가 아니겠는가.

왕실에서의 마복자란 여성이 임신한 상태에서 왕과 성관계를 한 이후 태어난 아이를 말하는 것으로서 왕과 왕후 사이의 자식이 아니기 때문에 정식으로 왕자나 공주가 될 수는 없었지만 그에 준하는 지위를 부여받을 수 있었다. 화랑의 제1대 풍월주인 위화랑의 경우 소지 마립간의 마복자였으며, 세종전군의 아내이자 진흥왕 등의 총애를 받았던 박미실 그녀의 자녀들도 왕의 마복자가 된 경우가 많았다. 미실이 임신한 상태에서 색공을 했기 때문이다.

마복자 풍속은 왕실뿐만 아니라 화랑이나 귀족 계층에서도 성행하여서 신분이 높은 남자들은 많은 마복자를 거느리는 게 당연한 일이었다. 임신 중에 총애를 입는 것은, 기피하거나 창피하게 여기는 일이 아니라 오히려 반기고 영예로운 일이었던 것이다. 단, 상대가 신분이 높은 남자라면 말이다.

특히 화랑도 집단에서의 마복자는, 승진 등 높은 지위를 얻는 자격조건이 되어서 낭두의 자리에 오르려면 누군가의 마복자여야만 했다. 화랑도는 이를 '입망의 법'이라 불렀다. 찰인의 아내인 옥두리가 상선 상랑의 총애를 입어 많은 아이들을 낳아 그 아이들이 모두 입신의 영화를 누리는 것은 입망의 법 덕분이었다. 찰인 역시 옥두리 덕분에 귀한 대우를 받을 수 있었던 것이다.

마복자는 단순히 성 문화 이상의 의미를 지닌다. 신분이 높은 이들은 임신한 여인을 많이 취하고 마복자를 많이 둠으로써 자신의 지지기반을 넓히게 되는 것이고 마복자가 된 아들의 입장에서는 자신을 정치적으로 또는 사회적으로 후원해 줄 끈을 갖게 되었다. 마복자는 비록 혈연에 의한 관계는 아니지만 정치 사회적으로 가족관계를 형성하여 자신들의 입지를 확고히 하려는 공생의 시스템이었던 것이다.

입망入望의 법에는 상선上仙과 상랑上郎의 마복자가 아니면 될 수 없었다. 그러므로 낭두의 처들은 임신을 하면 곧 산꿩을 예물로 하여 선문仙門에 들어가 탕비湯婢가 되었는데, 몇 날 또는 몇 달 만에 총애를 얻으면 물러났다. 물러날 때 그 남편은 재물을 들여 예를 갖추고 맞이했다. 이름하여 사함謝函이라 했다. 아들을 낳아 석 달이 되면 다시 들어가는데 양과 돼지를 예물로 했으며, 또 세함洗函이라고 했고 몇 날이나 몇 달 만에 총애를 입으면 물러났다. 그 남편은 또 사함을 하여 맞았다. 경박한 여자는 선문에서 놀고자 하여 임신이 안 될까 염려하여 선문의 예졸들과 사통을 했으며 혹은 선종을 얻어화랑의 아이를 수대하여 돌아가니 폐단이 더욱 심했다.

《화랑세기 (22세 양도 조)》

사람을 뽑는데 출신을 논하지 마라

아내와 딸을 바치고 낭두를 뽑을 때 마복자들 중에서 발탁하던 풍속들이 도를 넘어서자 하나의 폐단으로 인식되기 시작했다. 양도가 풍월주를 지낼 때에도 역시 화랑도 내에서 성상납과 입신이 맞물려 있는 폐단을 개혁하려 했으나 양도 스스로 색을 탐하는 면이 많아 개혁의 성과를 그다지 거두지 못했다. 양도 다음의 군관은 양도보다 자제력이 있어 색을 멀리하긴 했으나 양도에게 깊이 충성하여 양도의 뜻을 그대로 따라 낭정을 유지했기 때문에 또한 개혁은 그다지 진전되지 못했다.

군관에 이어 풍월주가 된 천광은 성품이 올곧고 강직한 사람이

명활산성

왜적의 침입에 대비하여 지었다는 명활산성은 경주에 있다. 선덕여왕 말기 비담의 난이 일어났을 때 왕군은 월성에 진을 치고 반란군은 명활산성에서 진을 치고 대치했으며, 김유신의 공으로 반란은 진압되었다.

었다. 그가 풍월주가 된 즈음에는 때마침 낭정에 염장 상선의 마복자들이 많이 등용되어 있던 즈음으로서 선덕여왕이 치세하던 때였다. 염장은 색을 좋아하여 많은 여인들이 임신한 몸으로 염장에게 몸을 바쳤기에 마복자들의 수가 헤아릴 수 없이 많았고 그들이 모두 장성하여 낭정으로 진입한 까닭이었다.

"어찌 마복자만이 직책을 얻을 수 있단 말인가. 마복자냐 아니냐는 화랑의 일을 돌보는 데 있어 꼭 필요한 자질이 아니건만 그러한 법도 때문에 인재를 얻지 못할 수가 있다. 낭두의 직책은 낭정에서 중요한 자리인데 어찌 나의 옹翁만을 중요시하여 공과 사를 구분하지 못한단 말인가!"

천광은 낭정의 현실을 개탄하며 염장의 마복자가 아닌 다른 파에서 많은 이들을 등용시켜 주었다. 염장은 천광의 외숙부가 되었기에 먼 관계가 아니었건만 공과 사를 구분하여 낭정의 일을 바로잡기 위함이었다. 이러한 처사에 염장의 마복자들이 불만을 품고 염장을 찾아가 천광의 개혁을 허물삼아 고했다. 그러자 염장이 빙그레 웃으며 말했다.

"너희들 스스로가 새로운 풍월주인 천광을 따르지 않는데 나 또한 어찌 하겠는가?"

염장은 이렇게 말하고 천광의 개혁에 끼어들지 않았다.

또한 천광은 찰인을 미워했다. 찰인은 아내 옥두리가 상선들의 총애를 많이 입어 귀한 마복자를 많이 가지고 있는 것을 믿고서 방자했으며 낭정의 일에 제멋대로 처리하고 행세하는 경우가 많았다. 또한 파벌을 형성하여 낭정의 화합에 장애가 되고 있었다.

"찰인을 파면하라!"

천광은 육십이 넘은 나이에도 현직에서 권세를 누리면서 전횡을 일삼은 찰인을 파면시켜 버렸다. 찰인의 파에 속하는 사람들의 반발이 거세었지만 천광은 물러서지 않았다.

"대노두, 대도두, 도두, 대두, 상두, 낭두, 내낭두 등의 직책은 재주와 그릇의 바탕에 의거하고 마복자를 논하지 않고 선발할 것이다."

천광이 그동안 폐단이 많았던 입망의 법을 폐하고 신진의 문을 크게 열어 주자, 젊은이들이 기뻐했다. 찰인과 옥두리는 크게 반발하였으나 곧 마음을 고쳐먹고 딸 중에서 가장 미색이 뛰어난 찰언을 천광에게 바쳤다. 찰언은 찰의의 바로 위 누이로서 어머니 옥두리를 닮아 미색이 뛰어나고 교태스러웠다.

찰인은 비록 천광으로 인해 지위를 잃었지만 딸을 공에게 바쳤고 공이 지극히 공적이고 사심이 없는 것을 알았기에 감히 원망하거나 허물하지 않았다. 그리고 이렇게 자식들에게 말했다.

"새로운 풍월주는 진실로 세상에 보기 드문 영웅이 아닌가. 우리들이 어찌 일시적으로 지위를 잃었다고 하여 천광 어른을 원망할 것인가. 오히려 나의 딸 찰언을 받아 주셔서 풍월주 어른의 소생을 얻게 되었으니 그 귀한 외손을 낳아 기르면 또한 나의 집안이 더욱 번성하지 않겠는가!"

선덕여왕릉

사적 182호인 선덕여왕릉은 경주 낭산 중턱에 있다. 선덕여왕은 병을 얻기 전 자신이 죽을 날을 정확히 예측하고 불가에서 사천왕천의 위에 있다는 상상의 공간, 도리천에 묻어달라고 유언했다. 선덕여왕의 사후 문무왕이 선덕여왕릉 밑에 사천왕사를 건립함으로써 여왕의 예언은 완성되었다.

옆에서 옥두리가 맞장구를 쳤다.

"옳습니다. 찰언을 천광공에게 바쳐서 귀한 외손을 얻게 되었으니 어찌 마복자를 얻는 유익함에 비하겠습니까!"

이로써 찰인을 따르는 파의 반발도 잠재워지고, 파벌과 마복자를 논하지 않고 서로 화합하게 됨으로써 낭정의 혼란이 바로잡아지자 사람들이 천광을 더욱 존경했다.

(천광)공은 본디 찰인을 미워했다. 이때에 이르러 먼저 찰인을 파면시키고 …… 낭두는 재주와 그릇의 바탕에 의거하고 마복자를 논하지 않도록 함으로써 신진의 문을 크게 열었다. 인심이 크게 흡족했다. …… 찰인은 비록 그 지위를 잃었지만 딸을 공에게 바쳤고, 공이 지극히 공적이고 사심이 없는 것을 알았기에 감히 원망하거나 허물하지 않았다.

《화랑세기 (24세 천광 조)》

647년 선덕여왕의 병이 악화되자 비담이 반란을 일으켰다. 천광은 풍월주로서 김유신 장군을 도와 비담의 난을 진압하는 데 공을 세웠고 곧이어 진덕여왕이 등극하자 반란 진압의 공을 인정받아 호성장군으로 발탁될 수 있었다.

천광은 외유내강하면서도 인정이 많아 불쌍한 사람을 보면 옷을 벗어 주곤 했다고 전한다. 술을 즐겼으나 많이 마시지는 않았고 색을 좋아했지만 방사房事에 어지럽지 않았다고 한다. 그런데 그의 가계를 보면 참으로 흥미롭다.

천광의 아버지는 수품이고 어머니는 천장이다. 천광의 아버지 '수품'은 반야공주와 구륜공의 아들인데, 반야공주는 미실궁주와 진흥대왕의 딸이고, 구륜공은 사도태후와 진흥대왕의 아들이다. 천광의 어머니 '천장'은 지도태후와 천주공의 딸인데, 천주공은 진흥대왕의 아들이다. 따라서 천광의 친증조할아버지와 외증조할아버지가 모두 진흥대왕이 되고, 사도와 미실은 이모와 조카 사이이면서 사돈지간이 되기도 했던 것이다.

이처럼 신라의 지배계층은 따지고 올라가면 모두가 한 핏줄로 얽혀 있다. 근친혼이 성행했을 뿐만 아니라 다양한 방식의 혼외정사로 인한 자손들이 많이 태어나고 서로 얽힌 까닭이다.

신라인 이야기 6

비담은 왜 반란을 일으켰나?

신라의 3대 반란, '칠숙·비담·흠돌의 난'에 대하여

신라의 역사를 바꾼 세 번의 반란

《화랑세기》에는 《삼국유사》나 《삼국사기》에는 찾아볼 수 없는 생생한 세 번의 난이 기록되어 있다. 진평왕 말년에 있었던 칠숙의 난, 선덕여왕 말년에 있었던 비담의 난, 그리고 신문왕 즉위 무렵 일어난 흠돌의 난이다. 신라에서 일어난 세 번의 난 중에 두 번의 난은 모두 선덕여왕과 깊은 관련이 있다. 《화랑세기》를 보면 선덕여왕이 아버지 진평왕의 말년에 일어난 칠숙의 난 진압에 적극적으로 개입했다는 것을 알 수 있다. 또 선덕여왕 말기에 일어난 비담의 난을 선덕여왕의 명에 따라 김유신이 진압함으로써 진덕여왕이 즉위할 수 있었다. 두 번의 쿠데타를 극복하지 못했다면 선덕은 왕이 될 수 없었고, 진덕에게 왕위를 물려줄 수 없었다.

칠숙의 난을 진압하고 왕위에 오른 선덕여왕

진평왕 말기. 진평왕은 맏딸 천명공주를 출궁시키고 둘째 딸 선덕에게 양위할 뜻을 표했기 때문에 왕위 계승자가 선덕으로 어느 정도 확정되어 있었고 이미 고령으로 천수가 얼마 남지 않은 상태였다. 그러한 때에 칠숙은 왜 반란을 일으켰을까? 귀족에 불과한 칠숙 자신이 왕이 될 수는 없었고 그는 정통성을 가진 다른 사람을 왕으로 추대하고자 반란을 일으켰음이 분명하다. 선덕 외에 왕위 계승 서열을 따져 보면 천명공주의 남편인 김용수김춘추의 아버지가 있다. 그는 진평왕의 사위로서 양위를 할 뻔했다가 진평왕이 선덕을 주목하는 바람에 자격을 잃었기 때문에 왕위에 대한 욕심이 남아 있었을 법하다. 그러나 선덕은 반란을 진압하고 왕이 되었다.

"선덕여왕이 즉위하자 용춘용수의 동생이 왕의 남편이 되었다. 천명공주가 불안해했다. 이때 김유신이 말하기를 …… 한 때의 일로 충효에 어긋남이 있었다며 …… "《화랑세기》의 한 대목이다. 선덕여왕이 왕위에 올랐는데 천명이 왜 불안하고 누가 충효에 어긋났단 말인가? 김용수가 반란에 관련되어 있었고 그것을 진압한 선덕이 왕이 되자 용수의 아내였던 천명이 불안해했다고 가정해 보면 이야기가 술술 풀린다. 용수를 추대하고자 칠숙이 난을 일으켰으나 선덕이 이를 진압하여 왕이 되었으니 천명은 후환을 두려워한 것이 아닐까?

선덕여왕은 쿠데타에 의해 실각한 것인가?

선덕여왕 말년, 상대등 '비담'이 여왕의 정치에 반대하여 반란을 일으켰다. 비담은 누구인가. 최근 드라마에서는 비담이 미실의 아들로 설정되어 있지만 역사적으로 비담이 누구의 아들인지는 알려져 있지 않다. 비담이 반란을 일으킨 선덕여왕 말기에 선덕은 이미 오래 전부터 지병에 시달린 데다가 60이 넘은 나이였고 진덕을 왕위 계승자로 지목해 두었기 때문에 그 치세가 오래 남지 않은 상황이었다. 그러한 때에 비담은 왜 반란을 일으켰을까? 귀족에 불과한 비담 자신이 왕이 될 수는 없었고, 그는 정통성을 가진 다른 사람을 왕으로 추대하고자 반란을 일으켰음이 분명하다. 당시 왕실에는 김용수의 남겨둔 아들 김춘추가 있었으므로 진덕 다음에 왕위 계승권을 가진 인물로 김춘추를 지목하지 않을 수 없다. (김용수의 동생 김용춘은 이미 죽었거나 상당히 고령이었을 것이다.)

만약 김유신이 비담의 난을 진압하지 않았다면 진덕여왕이 아니라 김춘추가 먼저 왕이 되었을지도 모른다. 김유신이 배후가 김춘추인 비담의 난을 진압했다는 것은, 김춘추에 대한 배신과도 같았다. 평소 김춘추와 김유신은 정치적으로 결탁한 관계였기 때문이다. 결탁한 관계라도 김유신으로서는 역모에는 가담할 수 없었으리라.

김춘추는 진덕여왕을 거친 다음에야 왕이 되었는데, 《삼국사기》

에 보면 김춘추는 김유신의 적극적인 추대로 왕위에 올랐음에도 김유신에게 바로 상대등이라는 최고 관직을 주지 않았다. 즉위에 대한 김유신의 공을 생각하면 이상한 대목이다. 그것은 혹시 김유신이 비담의 난이 일어났을 때 김춘추를 지지하지 않고 선덕여왕 편에서 반란을 진압한 것에 대한 대가가 아니었을까?

남편의 손님에게 하룻밤 로맨스를 선물하다

남편의 부탁으로 손님과 밀애를 즐긴 '안길의 처'

"들어라. 내가 모시고 온 거사는 보통 인물이 아닌 게 분명하다. 저런 귀한 분을 극진히 대접할 수 있는 기회를 얻었으니, 너희는 나의 처첩들로서 나와 한 몸이나 마찬가지니 나의 앞길을 함께 도모함이 마땅하지 않은가. 그러니 오늘밤 누가 저 거사님을 모실 것인가? 거사님과 함께 자는 여자는 내가 죽을 때까지 해로할 것을 약속해 주리라."

드디어 시작되는 천년왕국

"신이 힘을 다하여 대왕을 모시는 것이 소원이었는데 병이 이에 이르렀으니 오늘 이후에는 다시 용안을 뵙지 못할 것 같습니다."

673년 6월 병석에 누운 김유신이 자신을 찾아온 문무왕에게 아뢰자, 문무왕은 유신을 내려다보고 눈물을 뚝뚝 흘리며 슬퍼했다.

"과인에게 그대가 있음은 고기에게 물이 있음과 같은 일인데, 만일 어려운 일이 생기면 백성들은 어떻게 지키며 사직은 어찌 보존할 것인가?"

유신 역시 슬퍼하는 문무왕을 바라보며 가슴이 아팠다. 진평, 선덕, 진덕, 태종무열왕 그리고 문무왕에 이르기까지 젊은 시절부터 창과 검을 들고 전장을 누비며 신라와 함께 해온 자신의 일평생이 주마등처럼 스쳐 지나갔다. 신라의 완전한 번영을 직접 보지 못하고 떠나야 하는 것이 아쉬웠지만 유신은 자신의 생명이 얼마 남지 않았음을 알고 있었다. 병석에 눕기 얼마 전에, 사람들이 와서 전했다.

"무기를 가진 남자들이 우리 김유신 장군의 집을 나와 울며 가는 것을 보았습니다. 도대체 누구인지 처음 보는 얼굴들이었는데 말입니다."

그 말을 듣고 유신은 그동안 자신을 지켜 주던 수호 군사들이 떠나갔음을 알았다. 이 땅에서 자신의 사명이 끝나 가고 있었기 때문이었다. 백발이 성성한 김유신 장군을 마주하고도 마지막임을 믿지 못하겠다는 듯이 문무왕은 슬퍼하며 말을 이었다.

"그대가 있었기에 백제를 섬멸할 수 있었고 그대가 있었기에 고구려를 막을 수가 있었는데. 이제 힘을 모아 당나라를 우리 땅에서 내쫓아야 하는 지금 그대가 이렇게 떠나간다면 나는 참으로 홀로 남겨진 것처럼 아득하고 신국의 앞날이 불안하기만 하구나."

김유신의 손을 꼭 잡고 있는 문무왕의 손이 떨렸다. 문무왕은

재매정택의 모습

김유신의 종택인 재매정택에는 재매정이라는 우물이 있다. 선덕여왕 때 이어지는 백제군의 침략으로 집에도 못 들르고 다시 출정할 때 이 우물물을 떠오게 하여 마신 후 "물맛이 그대로니 집식구들도 별일 없겠구나." 하며 뒤도 돌아보지 않고 전장으로 향했다는 이야기가 《삼국사기》에 전해진다.

태종무열왕, 즉 김춘추의 장남으로서 아버지 뒤를 이어 661년 등극한 왕이었다. 선덕여왕이 병으로 죽은 후 그녀의 뒤를 이어 진덕여왕이 왕위에 올라 7년간 치세하였으며, 진덕여왕이 죽고 김춘추, 즉 태종무열왕이 7년간 나라를 이끌다가 죽은 후 그의 맏아들 법민이 왕이 되었으니 이가 곧 문무왕이었다. 왕이 울자 백발이 가득한 김유신이 마치 자신의 손자를 바라보듯 잔잔히 웃으며 말했다.

"지금은 삼국이 한 집안이 되었고 백성이 두 마음을 가지지 아니하였으니 완전히 태평성대에는 이르지 못하였다 하더라도 적이 잔잔하여졌다고 하겠습니다. 전하께서는 성을 빼앗기보다 지키는 것이 더 어려움을 아시어 통일된 삼국을 잘 이끌어 나가신다면 신은 죽어도 여한이 없겠나이다."

군복軍服 차림에 무기를 가진 수십 명이 유신의 집에서 나와 울며 가는 것을 남들이 혹 보았는데 좀 있다가 보이지 않았다고 한다. 유신이 듣고 "이것은 반드시 나를 보호하던 신병神兵이 나의 복이 다한 것을 보았기 때문에 떠난 것이니, 나는 곧 죽게 될 것이다."하였다. 그 후 10여 일이 지나 병들어 누우니 대왕이 친히 가서 위문하였다.

《삼국사기 권 제43 (열전 제3)》

그의 예감대로 자리에 누운 지 얼마 되지 않아서 임종을 맞았다. 673년 7월 1일이었다. 이렇게 진평, 선덕, 진덕, 무열, 문무왕까지 다섯 왕을 충심으로 모신 김유신 장군이 돌아간 후 신라는 고구려 유민遺民의 부흥운동을 원조하는 등 여러 가지 방법으로 당나라에 대항하여, 마침내 676년문무왕 16년 당나라 세력을 몰아내고 대동강·원산만 이남의 땅을 차지하는 삼국통일三國統一의 대업大業을 완수하였다. 문무왕이 이룬 삼국통일은 선덕여왕부터 닦아 놓은 삼국통일의 기초 위에 건설된 꿈의 실현이기도 했다.

"이제 삼국이 하나가 되고 당의 세력도 내몰았으니 마땅히 나라의 모든 문물과 제도를 정비하고 새로운 시대를 열어 천년토록 영화로운 천년왕국을 건설할 것이다!"

포부를 새로이 한 문무왕은 나라의 최고 총재 자리에 차득공을 앉히려 했다. 차득공은 문무왕의 서제庶弟로서 아버지 김춘추가 첩에게서 낳은 이복동생이었다. 왕의 부름을 받은 차득공은 고개를 조아리며 아뢰었다.

"전하, 총재가 되기 전에 신은 먼저 은밀히 온 나라 안을 다니면서 민간의 삶을 한번 돌아보고 온 연후에 명을 받겠습니다. 지금 나라에는 고구려와 백제 사람이 섞이어 있고 고구려 백제에서 귀화한 사람들에게 우리 최고 신분인 진골귀족의 지위를 내려줌으로써 포용하긴 했지만 오랜 세월 동안의 전란으로 백성들의 삶이 녹록치 않을 것입니다. 하오니 민간의 요역이 수고로운지 편안한

지, 세금이 무거운지 가벼운지, 관리가 깨끗한지 혼탁한지를 살펴보고 와서 벼슬에 나가고 싶습니다. 허락하여 주시옵소서."

"과연 옳은 생각이다. 그대로 행할 것을 허락하노라. 백성들의 삶을 낱낱이 살피고 돌아와 백성을 사랑하는 마음으로 백관을 고루 다스리고 온 천하를 평화롭게 하여 천년왕국의 기틀을 굳건히 세우도록 하라!"

차득공은 왕에게 감사하며 길을 떠났다.

누가 나의 손님과 동침하겠느냐?

안길은 먼 마을에 사는 친구를 만나고 돌아오는 길이었다. 당나라군도 몰아내고 이제 고구려 백제의 침입을 걱정할 것도 없이 모두가 신라의 땅이 되었으니 앞으로는 피비린내 없이 태평성대가 이어지지 않겠느냐고 사람들은 입을 모았다. 아직 전란의 피해가 곳곳에 남아 있었지만 모두들 희망을 바라보고자 했다. 하늘이 파랬다. 가을 하늘이 점점 파랗게 높아져서 숨을 한번 들이마시면 몸이 두둥실 날아오를 것처럼 화창했다.

그러나 백제 땅이었다가 신라의 영토가 된 무진주의 관리인 안길의 마음은 그다지 밝지 않았다. 그는 세상이 하루가 다르게 급변하며 흘러가는데 자신만 평범한 모습에 머물러 있는 것 같아 한

탄스러웠다. 비록 신분이 높지는 않았으나 어려서부터 학문이 깊은 그였기에 더욱 울분이 컸다.

"고구려 백제인들도 귀화하여 진골 귀족이 되는 경우가 있는데 나는 신라 사람인데도 골을 얻지 못한 6두품 신세라 이런 시골 구석에서 관리 노릇이나 해야 하다니……."

그때 갓을 깊게 눌러 쓴 남자가 마을 거리를 점잖게 걷고 있는 것이 보였다.

"뉘시오?"

안길은 무진주의 관리로서 웬만한 사람은 다 알고 있는데 처음 보는 얼굴이라 더욱 이상스러워 다가가 굳이 물었다.

"아, 타지에서 이곳 무진주로 흘러 들어온 사람입니다. 사람 구경이나 하면서 경치를 즐기고 있었습니다."

안길은 갓의 그늘 아래 있는 남자의 인상을 보았다. 예사 사람이 아닌 듯 눈에는 형형한 빛이 서려 있고 말하는 품새에 학문의 깊이가 느껴지고 도를 통한 사람인 양 범상치 않은 기운이 전해졌다. 안길은 바로 말투를 바꾸어 그에게 말했다.

"나는 무진주의 관리 안길이라 합니다. 무진주에 오신 손님이니 거사님을 하루 모시고 싶습니다. 괜찮으시다면 오늘밤은 저희 집에서 묵으시는 게 어떻겠습니까. 저희 집에서 식사도 대접하고 묵을 방도 마련하겠습니다."

거사란 승려가 되지 않고 집에서 수도하는 사람을 말하는데 안길은 남자의 신분을 알 수 없어 그저 거사라고 예우했다.

"이런 감사할 데가 있나……. 그럼 하룻밤 신세를 지겠습니다."

안길은 거사를 모시고 집으로 와서 귀한 음식으로 대접하고 자신의 처첩들에게 거사의 시중을 들게 했다. 안길에게는 세 명의 처첩이 있었는데 모두가 아직 젊었다. 거사를 집에 모시고 와 극진히 대접한 안길은 그날 밤 은밀히 처첩들을 자기의 방으로 불러 모았다.

"오늘 너희에게 시중을 들게 한 거사님은 보통 인물이 아닌 것이 틀림없다. 그런 분을 만나게 된 것 또한 크나큰 기회이니, 내 말을 잘 듣거라. 너희 중에 누가 오늘밤 거사님을 모시겠느냐?"

안길은 처첩들에게 단도직입적으로 물었다. 그러자 처첩들이 모두 눈을 동그랗게 뜨고 되물었다.

"아니, 거사님을 오늘밤 모시라니요?"

"지아비가 분명히 따로 있거늘 어디서 듣도 보도 못한 이방인과 밤을 보내라 하십니까?"

여자들이 반발하자 안길은 다시 말했다.

"다시 들어라. 거사님은 보통 인물이 아님이 분명하고 나는 저런 귀한 분을 만나 극진히 대접함으로써 인연을 맺어 두려는 것이다. 너희가 나의 여자로서 나와 한 몸이니 앞날을 함께 도모함이 마땅하지 않은가. 그러니 오늘밤 누가 저 거사님을 모실 것인가. 거사님을 모시는 이와 내가 죽을 때까지 해로할 것을 약속할 것이다."

여자들이 다시 반발했다.

"차라리 함께 살지 못할지언정 어떻게 처음 보는 외간 남자와 자겠습니까?"

"맞습니다. 그렇게는 못 합니다. 저희가 무슨 물건도 아니고 그런 청은 하지도 마십시오."

안길이 굳어진 표정으로 아무 말 없이 앉아 있었다.

잠시 침묵이 흐른 뒤 다음 세 명의 처첩 중 한 여자가 입을 떼었다.

"공께서 만약 죽을 때까지 함께 살겠다는 약속을 지키신다면 저 또한 명을 받들겠습니다."

"뭐라, 갈화 네가?"

안길은 기쁜 표정으로 그녀를 쳐다보았다.

갈화, 그녀는 여인이라기보다 소녀였다. 어린 나이에 안길의 눈에 띄어 그에게 시집온 지 채 일년도 안 된 그녀는 아직 아이도 한 번 낳아 본 적이 없는 데다 안길은 그녀가 젊은 몸을 보존할 수 있도록 오히려 자주 동침하는 것을 자제할 정도로 아끼는 첩이었다.

"기특하구나, 네가 어찌 이런 용기를 다 낸단 말인가."

안길은 다른 여자들은 나가게 한 뒤 갈화에게 물었다.

"정말 할 수 있겠느냐?"

안길은 젊고 피부가 고운 데다가 속살이 제법 풍만한 갈화라면 능히 거사님을 모시는 데 부족함이 없다고 여겼다. 그러나 한편으로는 아직 어리고 경험이 적은지라 혹여 거사를 모실 때 지나치게 수줍어하여 거사를 흡족케 하지 못할까봐 염려가 되기도 하였다.

"성심을 다하겠습니다."

"그래, 내 너의 갸륵한 마음을 끝까지 잊지 않으리라."

안길은 갈화에게 남자를 어떻게 모실 것인지에 대해 이런 저런 설명을 하고 나서 갈화를 보냈다. 목욕재계하고 향내가 폴폴 풍기는 차림으로 갈화가 거사의 방문 앞에 섰다. 거사는 안에서 불을 켜고 책을 읽고 있는 듯했다.

"거사님, 안으로 들어가도 되겠습니까?"

갈화는 채 거사의 대답이 나오기도 전에 방문을 열고 들어갔고 그녀의 하녀 또한 작은 술상을 들고 따라 들어왔다. 하녀가 술상을 내려놓고 나간 후 갈화는 거사에게 술을 한잔 따라 올리면서 말했다.

"이렇게 귀하신 손님이 오셨으니 나의 주인인 안길공께서 가장 귀한 것으로 손님을 대접하기를 원하십니다."

"가장 귀한 것이라……?"

거사는 술잔을 받아 마시며 물었다.

"그러합니다."

"안길공에게 가장 귀한 것이 무엇인가?"

"바로 소첩이옵니다."

거사는 조금 놀라운 눈으로 그녀를 바라보았다.

"소녀는 안길공에게 시집온 지 얼마 되지 않았고 사내를 잘 알지 못하나 음양의 화합을 깊이 사모하오니 진심으로 거사님의 사랑을 받고 싶습니다."

거사는 두 번째 술잔을 한숨에 들이키고는 갈화를 빤히 쳐다보았다.

"네 나이가 몇이냐?"

"열여섯입니다."

"참으로 좋은 나이구나."

거사는 술상을 옆으로 치우고 불을 껐다. 문밖에서 숨을 죽이고 몰래 서 있던 안길은 방 안에서 두 사람의 숨소리가 격한 숨을 토해낼 때까지 기다렸다가 이윽고 안도의 한숨을 내쉬며 돌아갔다.

> 차득공은 검은 승복을 입고 비파를 들고 거사居士 차림으로 서울을 나가서 아슬라주지금의 명주, 우수주지금의 강원도 춘천, 북원경지금의 강원도 원주을 거쳐 무진주지금의 전라도 광주에 이르러 마을을 두루 돌아다녔다.
>
> 무진주의 관리 안길安吉은 공을 특별한 사람으로 여겨 집으로 맞아들여 극진히 대접했다. 밤이 되자 처첩 셋을 불러 말했다. 오늘 거사를 모시고 자는 사람은 죽을 때까지 해로할 것이다.

《삼국유사 (기이 제2, 문무왕 법민 조)》

"나는 서울지금의 경주 사람입니다. 우리 집은 황룡사와 황성사 사이에 있고, 나의 이름은 '단오'입니다. 공께서 서울에 올 때 나를 찾아 우리 집에 한번 들러 주신다면 좋겠습니다."

다음날 아침 일찍 거사는 길을 떠나면서 안길에게 말했다. 그리고는 안길의 집을 떠나 서울로 돌아와 문무왕을 만났다.

"잘 다녀왔느냐?"

"그러하옵니다. 신은 이번 여행을 통해 많은 것을 배웠으니, 전하의 명대로 총재가 되어 나라를 위해 목숨을 바쳐 일해 보고자 합니다."

문무왕은 기뻐하며 동생이자 신하인 차득공의 손을 힘차게 잡았다. 당시 신라에는 해마다 각 주州의 향리 한 사람씩 수도당시는 경주의 여러 관청에 올라와 상수上守하게 하는 기인其人제도가 있었는데, 얼마 후 안길이 그 차례가 되어 서라벌로 올라오게 되었다. 안길은 서라벌의 월성 주변의 황룡사며 주작대로, 분황사 등을 돌아본 뒤 마음을 가다듬고서 "서울에 오면 꼭 한번 찾아오라"고 당부한 거사를 찾아보기로 했다. 거사의 집은 황룡사와 황성사 사이에 있다고 했기에 황룡사 앞을 서성거리고 있는데 마침 한 노인이 지나갔다.

"어르신, 길 좀 가르쳐 주십시오."

황룡사지

진흥왕 때 궁궐을 지으려다가 황룡이 나와서 절을 세웠다.
선덕여왕 때 외적의 침입을 물리치려는 호국의 염원을 담아 이 절에
황룡사9층목탑을 지었으나 고려 때 몽고의 침입으로 소실되어
지금은 절터(사적 제6호)만 남아 있다. 경주 월성에서 가깝다.

"어디를 찾고 있소?"

"단오라는 사람의 집인데, 황룡사와 황성사 사이에 있는 집이라 합니다. 어디쯤인가요?"

노인은 안길을 이상스럽다는 듯이 쳐다보며 되물었다.

"황룡사와 황성사 사이에 집이라니, 거기에는 아무나 집을 짓고 살 수 있는 곳이 아니오. 두 절 사이라면 궁궐밖에는 없소이다. 누가 감히 그 위치에 집을 짓고 살 수 있겠소?"

"궁궐이라면 월성 말입니까?"

"그렇소."

안길은 깜짝 놀라며 덧붙여 물었다.

"그러면 혹시 '단오'라는 이름을 가진 분을 아십니까?"

노인은 또 갸우뚱거리며 생각에 잠기더니 답했다.

"단오라는 이름을 가진 이는 잘 모르겠소. 혹여 차득공 총재 어른이 아니신가 모르겠소. 사람들은 흔히 그분을 단오거사님이라고 부르니까요."

"총재라고요?"

안길은 한 번 더 깜짝 놀랐다. 왕의 동생이 얼마 전에 총재에 올랐다는 말을 들었기 때문에 더욱 놀라웠다. 그렇다면 자신이 대접한 거사가 통일된 신라의 총재이자 왕의 동생이란 말인가. 안길은 황룡사의 주작대로에 서서 남쪽을 바라보았다. 멀리 서라벌의 금택들 너머 월성의 꼭대기가 바라보였다.

"월성 서쪽에 있는 귀정문으로 가서 드나드는 궁녀를 기다렸다가 말해 보시오."

노인이 지나간 후 안길은 벌렁거리는 가슴을 애써 누르며 한달음에 월성으로 달려가 궁녀를 기다렸다가 말했다.

"단오거사님께 무진주의 안길이 문에 와 있다고 전해 주시오."

궁녀의 전갈을 받은 차득공은 기뻐하며 달려 나왔다.

"아니, 이게 누구신가. 안길공 아닌가. 그대를 꼭 다시 한 번 만나 그때 받은 은혜에 답례를 하고 싶었소!"

차득공은 안길의 손을 두 손으로 꼭 쥐고 반가워하며 궁궐 안으로 데리고 들어가 자신의 부인을 불러 잔치를 베풀고 쉰 가지가 넘는 귀한 음식으로 대접했을 뿐만 아니라 문무왕에게도 인사를 시켜 주었다. 지방의 관리로서 왕을 직접 알현할 기회를 얻었으니 안길은 이게 꿈인가 생시인가 싶었다.

"그대가 나의 동생이자 이 나라의 총재인 차득공을 극진히 대접한 사람인가. 그 충심을 내가 높이 사 상을 내리겠노라."

왕은 성부산 아래에 있는 땅을 무진주 상수리의 소목전燒木田으로 안길에게 내리고 벌목을 금하여 다른 사람들의 접근을 막았으므로 사람들이 모두 안길을 부러워했다. 소목전은 궁궐이나 관청에 공출하는 땔감을 채취하는 땅으로서 귀중한 재산이 되었는데 안길이 독점할 수 있게 된 것이었다. 산 아래의 전답 서른 이랑에 씨앗 세 섬을 뿌리는데 이 전답에 풍년이 들면 무진주에도 풍년이

들고 그렇지 않으면 무진주에도 흉년이 들었다. 차득공은 안길의 아내 선물에 대한 고마움을 잊지 않고 확실하게 보답을 한 셈이다.

> 나라 제도에는 매년 각 주에서 관리 한 사람을 불러 올려 중앙의 여러 조를 지키게 했는데 안길이 올라와서 지킬 차례가 되었다. 서울에 올라와서 두 절 사이에 있다는 단오거사의 집을 물었으나 아는 사람이 한 명도 없었다. …… 어떤 노인이 지나가다가 그의 말을 듣고는 한참 생각하더니 말해 주었다.
>
> 《삼국유사 〈기이 제2, 문무왕 법민 조〉》

궁기와 집이 줄을 서고, 산에는 절들이 가득한 경주

문무왕. 그는 626년 진평왕이 신라를 다스리던 시절, 김춘추와 김유신의 누이인 문명 사이에서 태어났다. 어려서는 진평왕 말기에 일어난 칠숙의 난을 목격하였고, 자라서 선덕여왕 말기 비담의 난을 목격했으며, 그 후로도 고구려 백제와 숱한 전쟁을 치르는 신라를 몸소 체험했다. 김춘추의 맏아들로 태자로 책봉되어 나당연합군의 선봉에서 고구려 백제를 섬멸했고, 왕위에 오른 후에는 야욕을 드러낸 당을 몰아내는 데 온 심혈을 기울여야 했다. 고귀한 신분으로 태어났지만 평생토록 격동의 세월 그 한복판에서 숱한 번뇌를 짊어져야 했던 왕이었다. 그는 평소에 늘 지의법사에게 이렇게 말하곤 했다.

"짐은 죽은 뒤 나라를 지키는 큰 용이 되어 불법을 높이 받들면서 나라를 지키고 싶소."

"용은 짐승의 응보인데 어찌 용이 되려고 하십니까?"

법사가 이렇게 되물으면 왕이 웃으며 말했다.

"짐은 세상의 영화에 염증을 느낀 지 오래 되었소. 만약 좋지 않은 응보로 인해 짐승이 된다면 짐의 생각과 꼭 맞는 것이오."

그리고 왕은 자신이 죽으면 동해 가운데 있는 큰 바위 위에 장사 지내라고 정식으로 유조를 내렸다. 681년 왕이 공교롭게도 김유신이 죽은 날짜와 꼭 같은 날인 7월 1일 돌아가자 신하들은 그의 유언대로 동해 대석상에 장사하였다고 《삼국사기》에는 전한다.

> 7월 1일 (문무)왕이 돌아가니, 시를 문무라 하였다. 여러 신하가 (왕의) 유언에 의하여 동해구 대석상에 장사하였다. 속전《삼국유사》를 말함에는 왕이 용으로 화하였다고 하여 그 돌을 대왕석이라 한다.
>
> 《삼국사기 권 제7 (신라본기 제7)》

문무왕이 통일을 완성하고 죽은 후 신라는 고구려 백제와 한 문화권이 된 데다가 중국의 문물이 쏟아져 들어오면서 신라인들이 사랑하는 신국의 도는 조금씩 사라져 갔다. 지금으로서는 위작설에 휘말려 있는 《화랑세기》를 통해서만 신라인들의 생생한 신국의 도를 엿볼 수 있을 뿐이다. 신국의 도라 불리는 독특한 신라만의 풍속이나 성문화는 신라인 김대문이 썼다고 전해지는 《화랑세기》의 필사본에서 자세히 나오고, 고려시대에 기록된 《삼국사기》나 《삼국유사》에서는 찾아보기 힘들다.

그런데 안길의 아내 상납의 기록이 《화랑세기》가 아니라 《삼국유사》에 나오고 있어서 더욱 흥미롭다. 도저히 상상할 수 없는 부도덕한 성문화에 대한 기록이라 하여 위작이라고 치부되는 《화랑세기》와 달리 진서로 인정받는 《삼국유사》에서도 안길의 아내 상납이 기록되어 있는 것을 보면 오히려 《화랑세기》의 기록들이 신빙성을 얻는다고 하겠다. 《삼국유사》에 나오는 안길 이야기를 통해 우리는 당시 신라에 길손에게 집주인의 처첩을 제공하는 풍습과 더불어 '총재 재상직'과 '상수 기인제도'가 있었음을 알 수 있다.

고즈넉한 골짜기의 여섯 마을에서 시작하여 삼국 중 가장 뒤늦게 고대국가의 면모를 갖춘 변방의 나라였던 신라는 눈부신 성장을 계속하여 결국 통일을 이룩하고 불국토의 이상향을 향해 천년 왕국을 건설해 나갔다. 신라인들은 자기네 나라를 부처의 나라, 즉 불국토佛國土라고 자부하면서 서라벌을 그들만의 영원한 요람, 지상의 극락정토로 발전시키기를 원했다. 서라벌에는 열 집 건너 절이 하나씩 있어서 높은 탑들이 이정표 구실을 할 정도였는데 《삼국유사》에서는 "자그마치 17만 8936호"가 살고 있는 서라벌에는 "절들이 별처럼 흩어져 있고 탑들은 기러기가 줄지어 나는 듯하다."고 말하고 있다.

서라벌은 바둑판 모양으로 질서정연하게 구획되었고 귀족들의 화려한 금입택이 서른아홉 채나 되는 데 비해 초가집은 한 채도 없었으며, 《삼국사기》에서 "기와집이 연이어 있고 집집마다 숯으로 밥을 지었다."고 전해질 만큼 풍요로움이 넘치는 도시였다.

역사상 한 나라의 부와 화려한 문물이 이처럼 한 도시에 집중된 예는 찾아보기 힘들 것이다. 상상을 초월하는 자유로움을 누리는 한편 자신들만의 세계를 만들어 가던 신라인들의 독특한 기질이 그러한 황금의 나라, 황금의 도시를 건설한 것은 아니었을까? 그네들의 삶이 새삼 신비스럽다.

신라를 뒤흔든 12가지 연애스캔들

초판 1쇄 발행 2009년 8월 5일 발행

지은이 박은몽

발행인 양원석
편집장 함명춘
편집 임지원
사진출처 경주 시청(21, 64, 182, 189, 200, 235, 238, 247, 257쪽),
국립중앙박물관(28, 128, 166쪽), 계명대학교 박물관(표지 자료)

펴낸곳 랜덤하우스코리아(주)
주소 서울시 강남구 삼성동 159 오크우드호텔 별관 B2
내용문의 02-3466-8845
구입문의 02-3466-8955
홈페이지 www.randombooks.co.kr

등록 2004년 1월 15일 제2-3726호
값 12,000원

ISBN 978-89-255-3360-5 03900